첫 번째 찍은 날 | 2014년 1월 9일
세 번째 찍은 날 | 2015년 3월 9일

글 김준 | 그림 이장미
펴낸이 이명희 | 펴낸곳 도서출판 이후 | 편집 김은주, 신원제, 유정언 | 마케팅 황다미

표지 및 본문 디자인 | (주)끄레 어소시에이츠

글 ⓒ 김준 2014
그림 ⓒ 이장미, 2014

등록 | 1998. 2. 18(제13-828호)
주소 | 121-754 서울시 마포구 동교동 165-8 엘지팰리스 1229호
전화 | 02-3144-1357 (전송) 02-3141-9641
블로그 | http://blog.naver.com/dolphinbook
트위터 | @SmilingDolphinB

ISBN | 978-89-97715-20-6 73380

이 도서의 국립중앙도서관 출판시도서목록(CIP)은
e-CIP 홈페이지(http://www.ni.go.kr/cip.php)에서 이용하실 수 있습니다.
(CIP 제어번호: CIP 2013027800)

이 책은 저작권법에 의해 보호를 받는 저작물이므로 무단 전재와 복제를 금합니다.

꽃의 걸음걸이로, 어린이와 함께 자라는 웃는돌고래

웃는돌고래 는 〈도서출판 이후〉의 어린이책 전문 브랜드입니다.
어린이의 마음을 살찌우고, 생각의 힘을 키우는 책들을 펴낼 계획입니다.

고갱이 지식 백과 7

아빠와 함께 떠나는
소금 여행

어떤 소금을 먹을까?

글 김준 | 그림 이장미

웃는돌고래

여는 글
천일염의 비밀을 찾아라!

별아, 몇 해 전 크리스마스 새벽 기억하니? 할아버지가 자리에서 일어나질 못한다고 할머니가 깜짝 놀라 전화하셨던 날 말이야. 아빠가 부리나케 달려가 할아버지를 모시고 병원에 다녀왔잖아. 할아버지를 진찰한 의사 선생님이 그러셨지.
"전해질 수치가 너무 낮으시네요."
처음에는 그게 도대체 무슨 소린지 몰랐지. 알고 보니 '소금부족병'이라는 거야. 정확하게는 소금에 들어 있는 미네랄이 부족하다는 거였어. 우리나라 사람들 모두 소금을 너무 많이 먹어 탈이라는 소리는 익히 들어 왔지만, 소금이 부족해서 생기는 병이라니 믿기 어려웠지.
할아버지 병은 패스트푸드를 많이 먹는 현대인들에게 흔한 병이라고 했어. 옛날에는 이가 좋지 않아 음식물을 골고루 먹기 힘든 노인들에게 많이 나타나는 병이었는데, 요즘은 가공식품을 많이 먹는 어린아이에게도 많이 나타난다더구나. 가공식품에 사용하는 소금은 몸에 좋은 천일염이 아니라 기계염이기 때문이지. 소금이라고 다 같은 소금이 아니었던 거야.

아빠는 귀가 번쩍 뜨이는 것 같았어. 아빠가 소금에 관심을 가지게 된 건 그때부터야.

살아가는 데 꼭 필요한 소금

별아, 지구상에는 수많은 생명이 살아가고 있어. 이들 생명체가 살아가기 위해서는 소금이 꼭 필요해. 식물은 땅속에서, 초식동물은 식물에서, 육식동물은 초식동물에게서 염분을 얻어.

케냐에 사는 코끼리는 소금바위를 깨서 먹지. 사슴은 소금이 부족하면 자기 오줌을 먹기도 해. 그러면 야생에서 살지 않고 사람이 기르는 동물들은 어떻게 할까? 젖소를 기르는 농부는 젖소 사료에 소금을 넣거나 우리에 소금 덩어리를 넣어 두지.

인간이 맨 처음 소금을 찾은 것도 동물들 덕이었어. 소금우물과 소금호수를 발견하고 바닷물에서 소금을 얻을 수 있다는 것도 매머드나 코끼리

같은 초식동물에게 배웠지. 초식동물이 먹는 식물에는 칼륨이 많이 들어 있는데, 영양 균형을 맞추려면 칼슘 같은 미네랄도 꼭 먹어야 해. 초식동물들은 본능이 이끄는 대로 소금을 찾아 이동했고, 인간은 그런 동물들의 소금길을 좇아 소금을 얻었어.

오늘날 사람들이 소금을 얻는 방법은 여러 가지야. 염전에 바닷물을 가두어 증발시키는 천일염, 땅속에서 소금광맥을 찾는 암염, 지하수에서 염도가 높은 소금물을 찾아 증발시키는 염정, 지각 변동으로 바다가 호수가 되어 만들어진 호수염을 찾는 방법이 있지. 이 밖에도 소금을 녹여 불순물을 없애고 새로 결정시킨 재제염, 나트륨과 염소를 결정시킨 정제염이 있어. 사람들이 만들어 낸 재제염과 정제염을 기계염이라고 한단다.

천일염은 염화나트륨이 85퍼센트, 나머지 15퍼센트는 철, 칼륨, 칼슘, 마그네슘 같은 미네랄로 구성되어 있어. 기계염은 99퍼센트가 염화나트륨이지. 요즘 들어 사람들이 천일염이 건강에 좋다고 생각하게 된 것은 바로 이 미네랄 때문이야. 환경오염이 심해지고, 가공식품이나 패스트푸드를 많이 먹게 된 반면, 슬로푸드나 로컬푸드처럼 사람들 몸에 좋은 미네랄이 많이 든 음식은 먹지 않게 되면서 사람들 몸에 미네랄이 부족하게 된 거야. 이

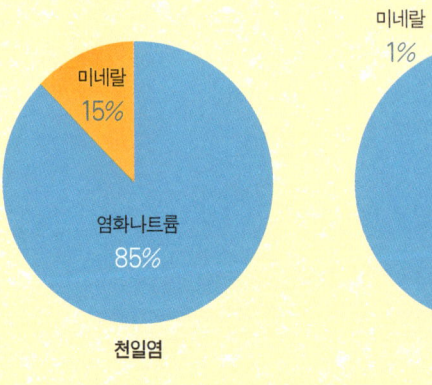

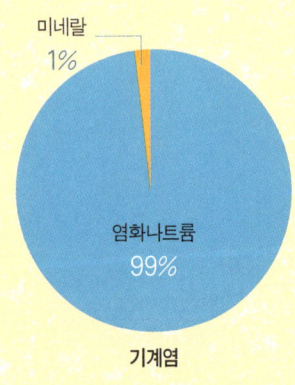

걸 몰랐을 때는 천일염 속에 들어 있는 칼슘, 칼륨, 마그네슘 등 88종에 이르는 미네랄을 불순물이라며 없애고, 정제염이 좋은 줄 알았더랬지.

사실 우리나라 천일염은 미네랄의 보물창고야. 우리 천일염은 갯벌을 논처럼 만들어 바닷물을 햇볕과 바람으로 증발시켜 생산하는 갯벌천일염이거든. 이렇게 만든 소금은 칼슘과 마그네슘, 칼륨이 수입 소금보다 세 배나 더 많대. 천일염으로 담근 김치, 된장, 간장, 고추장, 젓갈 같은 전통 발효 식품이 몸에 좋을 수밖에 없는 까닭도 여기에 있단다.

좋은 소금, 나쁜 소금

그럼, 왜 사람들은 이 좋은 천일염을 외면하고 정제염을 먹게 됐을까? 바로 전쟁 때문이었단다. 제2차 세계대전이 끝나면서 무기를 만들고 탱크를 만들던 군사 시설들이 고스란히 남게 됐어. 이 시설을 기반으로 화학 공업이 본격적으로 발달하기 시작했는데, 덕분에 정제염도 대량으로 만들어 낼 수 있게 됐어. 그러니 소금 값이 싸졌지. 그러면서 대부분의 가공식품과 패스트푸드는 값싼 정제염을 쓰게 됐단다. 할아버지가 걸렸던 미네랄 부족이라는 현대병도 사실은 잘못된 식문화 때문이었던 거야.

모든 소금이 나쁜 건 아니야. 자연을 거스르지 않고 만든 천일염은 사람 몸에 이로워. 음식물을 분해하는 위액에 소금이 있으면 소화 활동에 도움이 돼. 필요한 영양분을 에너지로 바꾸고 노폐물을 배설하도록 돕는 것도 소금이야. 혈관을 깨끗하게 청소하고 피의 흐름을 좋게 하는 것도 소금이지. 몸에 들어온 나쁜 균들이 살 수 없게 하고 해독 작용을 하기도

해. 소금은 또 뇌 기능을 활성화시키는 데 도움을 주기 때문에 아이들이 좋은 소금을 먹으면 몸도 건강해지고 머리도 좋아져. 그러니 나쁜 소금은 조금 먹고, 좋은 소금을 많이 먹는 방향으로 바꾸는 게 중요해.

사람이 살아가는 데 필요한 소금의 양은 하루에 1.3그램이라고 해. 우리나라 사람들이 반찬이나 국을 통해 먹는 소금은 평균 15그램이고. 〈세계 보건기구〉는 하루에 5그램 정도만 먹으라고 권하고 있어. 우리나라 사람들의 평균 섭취량은 권장량을 훨씬 넘어서지?

그러나 이렇게 소금 섭취량의 수치만으로 옳고 그름을 판단하는 것은 잘못이라고 아빠는 생각해. 문제가 생긴 건 가공식품을 많이 먹기 시작하면서부터니까. 미네랄이 전혀 없는 염화나트륨 덩어리인 가공 소금과 미네랄이 15퍼센트나 들어 있는 우리 천일염을 단순히 양만으로 비교하는 건 기분 나쁘다고! 소금 자체가 죄는 아니라는 거지.

나라마다 의식주는 기후와 일상생활에 따라 다를 수밖에 없어. 그런데도 모든 사람에게 똑같은 권장량을 정해 놓은 것부터가 옳지 않은 것 같아.

우리 조상은 옛날부터 소금을 귀하게 여겨 왔어. 좋은 소금을 얻기 위해 엄청난 공을 들이기도 했지. 여기에 생각이 미치니 아빠는 궁금해졌어. 옛날부터 짜고 매운 된장, 고추장을 먹고 살아온 우리 민족이 별 탈 없이 지난 5천 년을 버텨 온 데는 분명히 까닭이 있을 거라는 생각이 들었던 거야. 우리 조상들이 "음식은 간간해야 맛있다", "짭짤해야 밥이 넘어간다"고 했던 것은 경험에서 우러난 과학적인 말은 아니었을까? 우리 갯벌천일염에는 엄청난 비밀이 숨어 있는 게 틀림없었어!

아빠가 소금 여행을 떠나기로 마음먹은 건 바로 그래서였단다. 우리나라 곳곳에 남아 있는 전통 소금을 찾아보고, 죄 없이 홀대받는 우리 소금에 대한 자긍심도 끌어올리고 싶었어.

별아, 돌아가신 할머니가 부뚜막에 늘 소금 독을 모셔 두었던 것, 기억하니? 소금 독을 거기 둔 건 음식 간을 할 때 편하게 쓰기 위해서이기도 했지만 물 한 그릇과 함께 소금도 하얀 그릇에 정갈하게 담아 조왕신에게 올리기 위해서이기도 했어. 옛 어른들은 부엌을 맡아 보는 조왕신이 존재한다고 믿었거든. 할머니는 부엌에 쌀이 떨어지는 것보다 항아리에 물이 떨어지고, 소금 단지가 바닥을 보이는 것을 더 무서워하셨어.

할머니 같은 마음으로 소금을 섬기는 이들이 아직도 이 땅에는 많이 남아 있단다. 어떠니, 별아? 아빠와 함께 소금 찾아 떠나는 여행, 기대되지 않니?

2013년 12월
김준

차례

여는 글 천일염의 비밀을 찾아라! 4

1장 소금밭에 놀러 가자! 12
　하늘과 땅이 만나야 만들어지는 태양의 보석, 소금 16
　새로 드러난 소금밭의 가치 21
　••• 소금밭에 쓰이는 도구들 25

 **2장** 소금으로 불을 막아? 30
　나쁜 기운 몰아내는 소금의 힘 34
　바닷물로 불을 막는 함평 불막이제 36
　소금으로 불을 막는 사람들 43
　••• 소금을 얻는 여러 가지 방법 47

 **3장** 가노 가노 언제 가노
　열두 소금길 언제 가노 50
　물 위의 소금길 52
　육지의 소금길 57
　고속도로가 된 소금길 59
　검단선사의 보은염길 61
　••• 60년 만에 만든 보은염 64

 **4장 소금 사고파는 사람들** 66

쌀을 줄 테니, 소금이랑 바꿔 줘 69

연예인만큼 인기 있었던 소금 장수 71

우리 소금, 수입 소금 74

••• 소금이 궁금해? 여기로 가 봐! 79

 **5장 소금 지게에서는 이야기가 몽글몽글** 84

말이 된 소금 장수 87

소금 장수와 구렁이 89

소금 장수의 결혼 91

소금 장수와 아들 93

소금 장수 을불 95

귀신 말을 알아듣는 소금 장수 96

••• 소금으로 도로를 만들어? 99

 6장 우리 소금의 역사 102

나라에서 소금을 관리하다 105

소금을 둘러싼 권력 다툼 108

일제강점기, 우리 소금의 역사 111

소금, 모자라도 걱정! 남아돌아도 걱정! 115

••• 갯벌천일염의 전설, 비금 염전 117

••• 아주 특별한 염전들 119

 **7장 부엌에 있는 고마운 약, 소금** 122

좋은 음식이 곧 좋은 약 127

우리 집 보약은 소금 132

가난하고 배고픈 사람은 소금과 장이 보약 135

소금에 관한 여러 가지 속담 139
참고 문헌 143

별아, 지난여름에 아빠와 배를 타고 갔던 상태도라는 섬 기억하니? 전라남도 신안에 있는 작은 섬 말이야. 우리가 갔을 때는 마침 바닷물이 빠졌을 때라 넓은 갯벌을 볼 수 있었어. 게들도 엄청 많았고. 별아가 잡으려고 뛰어가면 구멍으로 얼른 숨어 버리고, 꼼짝 않고 한참을 기다리면 빼꼼히 눈자루를 내밀고 나오곤 했잖아.

안테나 같은 눈자루를 올리고 조심스럽게 주변을 살펴보며 나오던 그 게들이 갯벌에서 먹는 게 뭐였지? 그래, 열심히 뻘을 주워 먹고 있었어. 맛도 없는 흙을 왜 먹는지 모르겠다고 너는 고개를 갸웃거렸지만, 사실 게들이 먹는 것은 갯벌 흙이 아니라 갯벌 속에 살고 있는 규조류였단다. 규조류가 뭐냐고? 다른 말로는 식물성 플랑크톤이라고 하는데, 눈에 보이지는 않지만 바다 생물들에게 꼭 필요한 먹잇감이란다. 규조류를 포함한 바다의 영양염류들은 게뿐 아니라 사람들에게도 꼭 필요한 영양소야. 어렵게 말하면 그것들이 미네랄이 되는 것이지. 갑자기 쓰러진 할아버지에게 꼭 필요했던 거 말이야. 따지고 보면 사람도 갯벌 생물의 한 종류거든.

상태도 갯벌에서 보았던 칠게는 집게발이 수저처럼 생겨서 흙을 떠먹기 좋을 것 같더구나. 게 중에는 이끼나 갈대를 먹는 게도 있었고, 죽은 물고

기를 먹는 게도 있었어. 갯벌이 먹여 살리는 게들은 수도 없이 많아. 상태도 사람들은 칠게를 서렁게라 불렀지. 지역에 따라 부르는 이름이 다 다르다는 건 그만큼 인간과 친하다는 거야.

갯벌에서 자라던 풀도 기억나지? 줄기가 통통한 마디로 나뉘어 귀엽게 생긴 통통마디라는 풀도 있었고, 색깔이 무척이나 아름다운 칠면초라는 풀도 있었어. 제방 가까운 곳에는 갈대들도 있었고 말이야.

원래 식물들은 소금물을 아주 싫어하는데, 통통마디나 칠면초 같은 특별한 식물은 짠물에서도 살 수가 있어. 특히 통통마디에는 사람에게 유익한 미네랄이 풍부해서 요즘 들어 건강 채소로 엄청 사랑받고 있지. 다른 이름으로는 함초라고도 해. 한때는 소도 안 먹는 풀이라고 사람들에게 구박받던 풀인데 말이야.

아빠가 상태도에 간 것은 우리 막내에게 소금밭을 보여 주고 싶어서였어. 박성춘 삼촌 기억할 거야. 스물네 살부터 염전 일을 시작해 지금까지 천일염을 만들고 있는 아빠 친구 말이야. 천일염을 가지고 큰 백화점에서 전시회도 했어.

삼촌네 소금밭에는 바닥에 아무것도 깔려 있지 않아. 타일도 없고, 장판도 없고, 그저 갯벌을 단단하게 다져서 만든 소금밭에서 직접 소금을 생산해. 옛날에는 모두 그렇게 소금을 만들었어. 세계 최고 소금이라는 프랑스 게랑드 소금도 그렇게 만든대. 전통 방식을 고집하는 거지.

아무것도 깔지 않은 이런 염전은 장판이나 타일을 바닥에 깐 염전보다 땅으로 스며들어가는 게 많아서 소금 생산량도 적어. 우리나라 전체 염전 1천여 개 중에 열 개도 안 된대. 삼촌이 너무 고집쟁이 같다고? 암, 보통 고집은 아니지. 그치만 삼촌의 그런 고집 덕분에 염도는 낮고 천연 미네랄은 풍부한 아주 귀한 천일염을 얻을 수 있단다. 난 내 친구 성춘이가 참 자랑스러워!

바로 그 삼촌의 염전에서 가장 먼저 눈에 띈 것은 바닷물이 들어오지 않도록 쌓아 놓은 제방이었어. 제방 안쪽에는 큰 저수지가 있고, 그 옆에 논처럼 만들어진 소금밭이 보여. 그냥 겉으로 볼 때는 한없이 평화로운 풍경인데, 알고 보면 "도깨비도 흉내낼 수 없다"고 고개를 젓는 것이 바로 염전 일이래. 사람마다 천일염을 만드는 방법이 다르기 때문에 방법을 다 알려 주기도 힘들고 직접 경험하지 않으면 몰라.

하늘과 땅이 만나야
만들어지는
태양의 보석, 소금

별아도 잠깐 염전 일을 체험해 봤으니까 잘 알 거야. 하얗게 쌓인 소금

소금 창고

타일판
옹기판
토판

결정지

누테

난치

저수지

> **대파** 소금 모을 때 쓰는 도구. 고무래라고도 한다. 생긴 모양은 28쪽 참조.

알갱이를 모으는 게 그저 재미있을 것만 같았는데 막상 해 보니 잘 모이지도 않고, 팔도 아프고 힘들었잖아. 물론 소금밭에서 쓰는 대파가 별아에게 너무 컸던 탓도 있지. 아무튼 대파로 소금을 밀면서 낑낑 한 발자국씩 나아가는 우리 막내를 보니, 이제부터는 식탁에 오르는 소금 알갱이 하나라도 허투루 생각하지 않겠구나 싶어 대견했단다.

별아가 대파로 소금을 모았던 곳은 소금밭 중에서도 '결정지'라는 곳이었어. 우리는 그저 잠깐 동안, 이미 다 만들어진 소금을 구경한 정도였지만 사실, 소금꽃이 피기까지는 아주 오랜 시간이 필요해. 소금밭에서 물기가 빠지고 소금 결정이 엉겨 붙는 걸 가리켜 '소금꽃이 핀다'고 하는 건 막내도 잘 알지?

염전은 크게 세 곳으로 나눌 수 있어. 바닷물을 모아 두는 저수지, 태양열로 염도를 높여 주는 증발지, 그리고 소금 알갱이가 만들어지는 결정지란다. 증발지는 다시 난치와 누테로 나뉘는데, 난치는 저수지의 바닷물이 직접 들어오는 곳이고, 누테는 난치를 거쳐 바닷물이 증발되어 염도가 더 높은 곳이야. 꼭 잘 정리된 논처럼 생겼지. 실제로 소금을 만드는 일을 '소금 농사'라고 부른단다.

별아가 생각하기에는 소금을 만드는 게 누구인 것 같니?

소금밭에서 일하는 사람들? 물론, 맞는 말이야! 그런데 소금을 만드는 데는 사람의 힘 말고도 바람과 햇빛이 꼭 필요해.

보통의 바닷물은 그저 염도 2, 3도에 불과하지만 난치와 누테를 거치는 동안 태양열을 받고 바람에 몸을 말리면서 바닷물은 염도가 점점 높아져

22~25도까지 올라가. 이쯤 되면 결정지로 옮기는데, 결정지에서 이틀이나 사흘 지나면 소금이 만들어져. 이게 천일염이야. 그냥 소금이라 하지 말고 꼭 천일염이라고 불러야 해. 갯벌에서 만들어져 갯벌천일염이라고도 해. 하늘이 주신 보석이야.

글로 적으니까 되게 간단한 것 같지만, 저수지에서 시작해 마지막 결정지까지 오는 데는 무려 한 달 정도나 걸린단다. 소금을 생산하는 데 가장 좋은 온도는 섭씨 24~27도야. 바람은 산들산들 부는 바람이 가장 좋고. 그래서 소금 생산은 보통 3월부터 10월까지 이루어지고, 가장 좋은 소금은 5월 말에서 6월 초에 만들어지는 소금이란다. 이 무렵에 만들어지는 소금의 알갱이가 크지도, 작지도 않은 중간 크기여서 소금 맛이 제일 좋아.

소금을 만들지 않는 11월부터 다음 해 3월까지는 소금밭을 깨끗이 손질하고 증발지를 깊이 갈아엎어 토질을 풍부하게 해 주어야 해. 그래야 다음 해에 생산되는 소금 맛이 더 좋아진단다.

갯벌천일염의 나라별 생산량

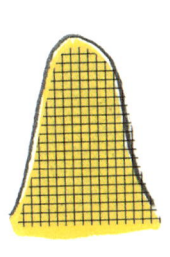

한국	중국	프랑스	포르투갈	베트남
약 38만 톤(86%)	약 3만 톤(7%)	약 1만 8천 톤(4%)	약 9천 톤(2%)	약 4천 톤(1%)

이런 식으로 갯벌에서 소금을 만드는 것은 세계적으로도 드문 방식이야. 전 세계에서 한 해 동안 생산되는 소금은 약 2억 1천 톤인데, 이 가운데 천일염은 7천7백만 톤이야. 전체 소금의 약 37퍼센트 정도인 셈이지. 그중에서도 갯벌천일염은 44만 톤으로, 전체 소금 생산량의 0.2퍼센트에 불과해. 엄청 귀한 소금인 거야.

갯벌천일염을 가장 많이 생산하는 곳은 바로 우리나라야. 일 년에 30만 톤을 넘게 생산해. 생산되는 갯벌천일염의 양은 얼마 안 되는데, 미네랄 함량은 높으니까 전 세계 사람들이 귀한 소금이라고 일부러 찾는 거야. 프랑스의 게랑드 소금이 좋다고 널리 알려져 있지만, 아빠는 우리 갯벌천일염이 그 명성을 곧 뒤집을 것 같아. 목포대학교에서 천일염을 오랫동안 연구해 온 함경식 교수님은 이렇게 얘기하시더구나.

"많은 사람들이 바닷물로 만든 소금은 미네랄 함유량이 꽤 높은 걸로 생각하는데, 전 세계 60여 종의 유명 천일염을 분석한 결과 거의 다 미

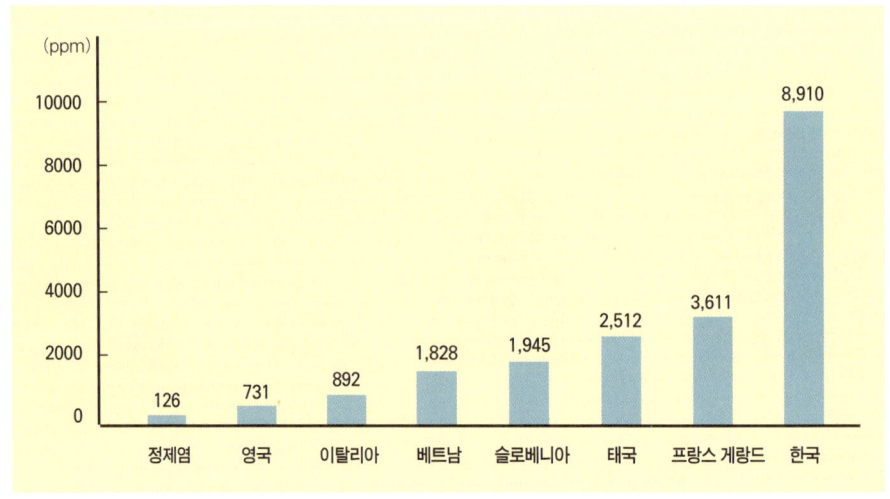

천일염의 마그네슘 함량 비교표

네랄이 없고 순수 염화나트륨이었죠. 한국 천일염이 순수 천일염 중에선 미네랄 함유량이 가장 높았어요."

우리나라 갯벌이 좋고 천일염을 만들어 내는 기술이 그만큼 뛰어나기 때문이야. 그래서 우리 소금 만드는 사람들을 일컬어 '소금 장인'이라고 할 정도란다. 이렇게 훌륭한 우리 갯벌천일염을 아끼고 사랑해 줘야겠지?

우리나라에서도 천일염을 많이 생산하는 곳은 별아와 아빠가 자주 다니는 전라남도 섬마을과 엄마 고향 영광이야. 염전은 밀물과 썰물의 차가 크고 강우량은 적은 데다 바람도 많이 부는 곳에 있어야 하는데, 전라남도가 바로 그런 지역이거든. 예전에는 인천이나 충청도 해안, 곰소만 같은 곳에서도 염전이 꽤 발달했지만 대부분 없어지고 전라남도 지역 섬에서 천일염을 활발히 만들고 있어.

새로 드러난
소금밭의 가치

소금은 사람들이 먹는 분명한 먹을거리, 곧 식품이야. 그런데 얼마 전까지만 해도 소금은 식품이 아니라 '광물'로 분류되어 왔단다. 소금에는 몸에 좋은 여러 미네랄이 들어 있다고 했잖아? 바로 그것 때문에 광물로 분류한 거야. 말도 안 되지? 법이 바뀌고서야 다행히 우리는 '돌'이 아니라 '소금'을 먹게 된 셈이야. 소금 장인들은 그게 얼마나 기뻤던지, 법이 바뀐 날인 3월 28일을 '천일염의 날'로 정해 축하하고 있단다. 덕분에 소금밭에 대한 관심도 더 높아졌지.

아무튼 천일염이 식품으로 인정받으면서 소금밭의 결정지도 장판이 아니라 식품 안전에 문제가 없는 좋은 바닥재로 바뀌고 있어. 반가운 일이야. 천일염에 들어 있는 천연 미네랄의 좋은 점을 널리 알리기 위해서 더 애쓰기도 해.

소금만이 아니라 소금밭의 가치까지 높아진 것도 반가운 일이야. 소금밭이 문화적으로, 생태적으로도 훌륭한 역할을 한다는 거지. 육지의 논이 머금은 물이 습도를 조절하는 것처럼, 소금밭도 같은 기능을 하고 있다고 해. 천연 가습기라고나 할까? 또 갯벌과 육지 사이에 자리하고 있으면서 무분별한 개발을 막고 갯벌과 바다를 보존하는 중요한 기능을 한다는 거야.

소금밭을 구경하러 오는 사람도 많아. 별아가 염전 체험을 할 때 별아 또래 친구들도 많았지만 어른과 외국인도 꽤 있었던 거, 기억하지? 이렇게 소금밭은 사람들에게 갯벌이 얼마나 중요한지, 갯벌천일염이 얼마나 가치 있는지, 생물 다양성이 얼마나 중요한지 알려 주는 생태 관광지로도 이용해. 해질 무렵 염전에서 찍었던 아빠 사진 기억나? 염전에 반짝이며 흩어지는 노을이 정말 아름다웠잖아. 그 사진들로 아빠는 소금박물관에서 전시회도 했고. 소금밭은 누가 봐도 경치가 아름다워서 보러 오는 사람도 많은 거야. 부모님과 아이들이 함께 여행하기 딱 좋은 곳이지. 신안 태평 염전, 인천 소래 염전에는 염전 체험장이 만들어졌어. 소금박물관도 있고, 전시관도 있어.

또 별아가 학교에서 찰흙으로 우리 가족을 빚었던 것처럼, 염전에서 소금으로 갖가지 조각을 만들기도 한대. 방송국에서 드라마를 만들거나 영화를 촬영할 때 아름다운 배경으로도 사랑을 받고 있어. 사진 찍는 사람들이 즐겨 찾는 곳이기도 하지. 우리가 소금밭을 둘러보는 동안 사진 찍고 싶은 장면이 너무 많아서 걸음이 더뎠던 거, 기억하지? 염전은 이렇게 여러 가지 좋은 일을 해 주는 고마운 곳이야.

이제 소금은 그저 단순한 밥상 위의 조미료가 아니라 우리 문화를 머금고 있는 좋은 안내자이자, 자연과 인간의 균형을 지키는 훌륭한 균형추로서 인정받고 있어. 소금이 건강에 미치는 좋은 영향, 생태적인 가치는 물론 문화적인 가치까지 제대로 조명받을 수 있도록 노력해 온 아빠로서는 반갑고 고마운 일이란다.

우리 밥상에 소금이 올라오기까지는 많은 시간과 노력이 필요해. 소금꽃이 피어나게 하려면 바다와 갯벌, 염전과 사람이 힘을 모으지 않으면 안 돼. 깨끗한 바닷물이 있어야 하고, 게나 통통마디 같은 많은 생물이 살고 있는 건강한 갯벌이 있어야 하고, 주변은 오염 물질 없이 깨끗해야 하고, 깨끗한 바닥재를 깔아야 하며, 낮밤으로 최선을 다해 소금을 만드는 사람의 손길이 있어야 하는 거야. 이런 까다로운 조건을 갖춰져야 정말 좋은 소금을 만들 수 있단다.

그렇다고 좋은 소금을 성춘이 삼촌 같은 소금밭 주인만 만들 수 있는 건 아니야. 바닷물을 깨끗하게 하는 일이나 건강한 갯벌을 만드는 일은 우리처럼 도시에 살고 있는 사람들이 돕지 않으면 안 되는 일이거든.

별아, 우리 이 다음에도 또 소금밭에 놀러 가자!

소금밭에 쓰이는 도구들

바닥재 갯벌을 평평하게 다진 뒤 염전 결정지 바닥에 까는 재료를 말해. 천일염이 사랑받으면서 몸에 안 좋은 물질이 나오지 않는 바닥재로 점차 바뀌고 있어.

1) 토판 갯벌을 단단하게 다져서 만든 결정지로, 흙 판에서 직접 소금을 생산하는 전통 방식이야. 타일이나 장판보다 소금 생산량은 적지만 염도가 낮고 천연 미네랄이 풍부해 비싼 값에 팔려.

2) 옹기 옹기를 깨뜨려 그림 조각처럼 결정지 토판 위에 짜맞춘 거야. 소금 결정체가 곱고, 갯벌 흙이 아주 조금 섞여 소금 색깔이 어둡지.

3) 타일 옹기 대신 깔았어. 타일 크기는 지역, 개인에 따라 다 달라. 옹기 바닥에서 소금을 생산하다 보면 틈새에서 흙이 올라오기도 하는데, 타일은 틈새가 없어 소금 색깔이 하얗지. 충청도나 경기도 염전에서 많이 볼 수 있어.

4) 장판 우리나라 천일염전 대부분이 바닥에 장판을 깔았어. 검은 색이라 햇볕을 잘 받아 물이 잘 증발하고, 대파로 소금을 거둘 때 잘 밀려서 일하기 편해.

5) 친환경 바닥재 천일염이 식품으로 인정되면서 무엇보다 안전성이 중요해졌어. 그래서 바닥재가 태양열로 뜨거워진 바닷물에 오래 잠겨 있으면 사람에게 좋지 않은 것들이 나올지도 모른다는 것을 걱정하기 시작했지. 그래서 황토, 대리석, 친환경 장판 등이 개발되고 있어.

꼽베끼 천일염을 생산할 때 불순물이 염전 바닥에 내려앉아 눌러붙는데, 이것을 '꼽'이라고 해. 꼽을 벗겨 낸다고 해서 꼽베기래. 소금을 만들지 않는 겨울철에 꼽을 벗겨 내.

다대기 염전 바닥을 평평하게 다질 때나 둑을 단단하게 다질 때 사용해.

돌 롤러 염전 결정지의 바닥을 단단하고 평평하게 만드는 도구야. 돌 롤러, 돌번지라고도 하는데, 요즘에는 경운기에 철로 만든 롤러를 달아 사용해. 돌 롤러로 바닥을 다진 후 장판이나 타일을 깔아.

목도와 소쿠리 소금 소쿠리는 대나무를 쪼개서 엮은 바구니를 말하고, 소쿠리를 앞뒤로 매달아 어깨에 메고 소금 창고로 운반할 때 썼던 긴 나무나 대나무를 목도라고 해. 외발수레가 등장하면서 사라졌지.

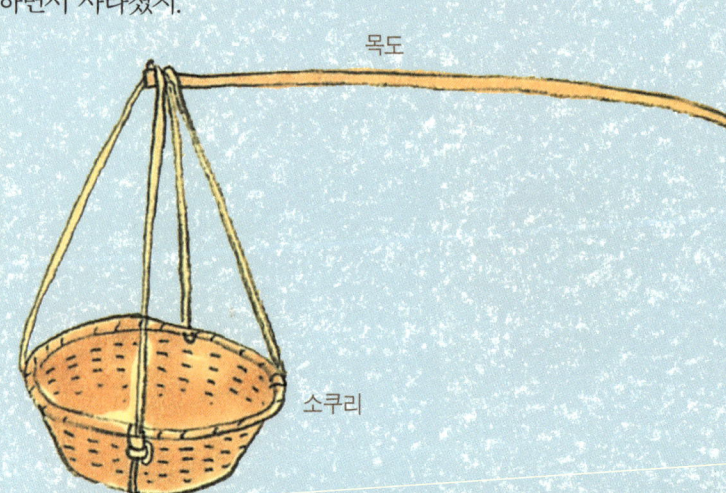

목도

소쿠리

소금 삽 결정지에서 만들어진 소금을 목도의 소쿠리나 외발수레, 레일차 등에 담을 때 사용해.

물고막이 소금물을 염전으로 끌어 들이거나 내보낼 때 물고를 막고 여는 나무판자, 혹은 흙을 담은 포대를 말해. 지금은 긴 플라스틱 통을 이용하기 때문에 밸브를 만들어 대신하기도 하지.

염도계 염도를 잴 때 사용하는 도구야. 염전의 물을 담아 염도계를 넣고 기다리면 빨간 막대가 올라가지. 염도계가 없을 때는 소나무에서 채취한 송진을 구슬처럼 만든 '대름'을 사용하거나 계란을 띄워 염도를 측정했어. 대름으로 염도를 재는 사람을 '간쟁이'라고 했대.

염도계   대름

무자위 낮은 곳에서 높은 곳으로 물을 끌어 올릴 때 사용하는 수차를 말해. 기술이 발달하면서 양수기가 무자위를 대신하고 있지. 소래 염전 체험장에 가면 무자위와 양수기를 같이 볼 수 있어.

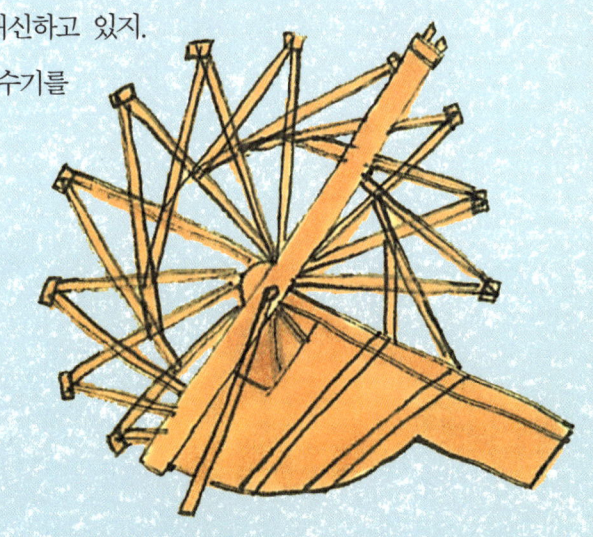

대파 소금을 모을 때나 결정지의 염전 바닥을
청소할 때 사용해.

소파 대파가 닿지 않는 구석 부분을 밀 때 써. 염전 도랑을 청소할 때도 쓰고.

물바가지 염전 바닥이 마를 때 덧물을 주거나 고여 있는 물을 퍼낼 때 써. 옛날에는 박으로 만들었지만 지금은 플라스틱 바가지를 써. 충청남도에서는 '털'이라고 불렀대. 소금물이 흐르지 않도록 입구 구멍을 조그맣게 만든 걸 보면 조상들의 지혜를 엿볼 수 있어.

물바가지

털

소금 바구니 소금을 옮길 때나 긁어 담을 때 써. 대나무나 짚으로 만들어 소금물이 잘 빠지지.

외발수레 소금을 소금 창고까지 옮길 때 써. 염전길 폭이 좁아 바퀴가 한 개인 수레를 만들었지. 요즘은 길을 넓게 해서 레일을 깔아 플라스틱 소금 통으로 옮기는 경우가 많아. 전동차까지 등장했어.

소금 맛 좀 봐라!

2장
소금으로 불을 낚아?

별아, 우리 조상들은 바다, 나무, 하늘, 바위, 산, 강, 집… 이 모든 것에 신이 있다고 생각했어. 농사를 잘 되게 해 주는 신, 바다에서 고기가 많이 잡히게 해 주는 신이 있다고 믿었지. 할머니가 부엌에 사는 조왕신을 믿었던 것처럼 말이야.

소금 만들던 사람들도 농부들이 그러는 것처럼 신에게 좋은 소금을 만들게 해 달라고 빌었지. 그래서 염전을 운영하는 사람은 스스로 "소금 농사를 짓는다"고 말해.

올 봄, 신안군에 있는 신의 염전과 태평 염전에서 '소금 풍년 기원제'와 '소금 고사'를 지냈어. 아빠도 첫 배를 타고 섬에 갔지. 사람들이 참 많이도 모였더구나. 이날은 3월 28일, 바로 '천일염의 날'이기도 했어.

옛날에는 천일염이 식품이 아니라 돌이나 철, 금과 같은 광물이었다고 했던 거 기억하지? 2008년 3월 28일에야 광물이었던 천일염이 식품으로 바뀌어 새로 태어날 수 있었단다. "일 년 내내 좋은 소금을 만들게 해 주십시오." 하고 소금 신에게 정성을 드리는 날로 이 날만큼 알맞은 날도 또 없을 거야.

이날은 또 소금 고사를 올리고 따뜻해진 봄 날씨, 살랑살랑한 봄바람을 반가이 맞으며 천일염 농사를 시작하는 날이기도 해. 추위가 풀리는 3월 말부터 10월까지가 소금 만들기에 좋은 때니까 말이야.

섬에 모인 사람들은 음식을 장만해서 "좋은 소금이 많이 오게 해 달라"고 기원하며 한바탕 축제를 벌였단다. 옛날 농민들이 신 나게 사물놀이를 한 뒤 농사일을 시작했던 것과 똑같아.

옛날에도 지금의 소금 고사와 비슷한 '벗고사'나 '벌막고사'가 있었어. 벌막은 소금 굽는 가마가 있는 집을 말해. 벌막 안에는 큰 가마가 걸려 있

고 소금을 보관하는 곳과 함수를 보관하는 우물, 나무 곳간이 있었어.

옛날에는 이 벌막이 소금을 생산하는 데 아주 중요한 곳이었지. 첫 소금을 생산할 때가 되면 염부들이 벌막에 모여 돼지 머리를 놓고 고사를 지냈어. 우리 전통 자염을 굽던 김만수 할아버지도 첫 소금 채비를 마친 뒤 벌막에서 제를 지냈어.(할아버지 이야기는 64쪽에 자세히 나온단다.)

벌막 주인은 돼지머리와 함께 메밀범벅을 꼭 준비했지. 도깨비들이 좋아하는 음식이거든. 특히 바다도깨비들이 좋아했던 모양인지, 뱃사람들은 메밀범벅을 바다에 던지며 물고기가 많이 잡히게 해 달라고 빌었단다. 경기도 화성에서는 팥시루떡, 돼지머리, 막걸리, 북어를 아궁이 앞에 차려놓고 소금 고사를 지냈어.

나쁜 기운 몰아내는 소금의 힘

별아, 소금이 불을 막는다는 소리, 들어 봤니? 물도 아닌 소금이 어떻게 불을 막아 줄 수 있을까?

지금 사람들도 마찬가지겠지만, 옛날 사람들은 불이 나는 것을 엄청 무서워했어. 초가지붕을 얹고, 나무로 지은 집에 살았으니 불이라도 났다 하면 집이며 세간살이가 홀랑 사라지는 건 순식간이었지. 오죽 하면 '화마火魔'라는 말까지 있겠니? 불이 요괴나 악귀처럼 무서웠다는 뜻이야.

소방차도 없고, 소방 헬기도 없었던 옛 사람들은 불을 막아 준다는 건 뭐든지 높이 샀어. 경복궁 같은 궁궐에 가 보면 커다란 무쇠 솥에 물을 가득 담아 둔 걸 볼 수 있는데, 불귀신이 왔다가 물에 비친 제 모습을 보고 놀라 도망가라고 그렇게 해 둔 거래.

소금도 마찬가지였어. 소금을 가득 담은 단지나 소금물을 담은 단지를 묻어 두면 불을 막을 수 있을 거라고 생각했어. 옛날 민가나 절에서는 산이나 마을에 소금 단지, 소금물 단지를 묻고 소금이 불의 기운을 물리쳐 줄 거라 믿었단다.

사람들이 소금에 그런 힘이 있다고 믿은 까닭이 뭐였을까? 안동 간고등어를 생각해 보렴. 냉장고가 없던 시절에는 바다에서 잡은 고등어를 산간 마을에 사는 사람들이 맛보기란 하늘의 별 따기였어. 아무리 싱싱하다 해도 옮기는 시간이 오래 걸리면 상하고 말 테니까. 특히나 안동처럼 내륙 깊숙한 곳에 사는 사람들은 말린 생선이 아니고는 비린 음식을 먹기가 쉽지 않았지. 요즘처럼 자동차가 있는 것도 아니고, 순전히 사람들 힘으로 날라

야 했던 때니까 말이야.

그래서 생각했지. 고등어도 젓갈처럼 소금에 절이면 어떨까, 하고 말이야. 소금은 물을 빨아들이는 성질이 있어, 나쁜 균이 사는 걸 막아 주거든. 소금에 절인 음식이 상하지 않는 것도 다 이 때문이야.

그러니 사람들은 소금이 좋지 않은 일이나 화재 같은 것도 다 막아 주는 좋은 물질이라고 믿게 된 거지. 옛날에는 믿고 기댈 데가 그리 많지 않았으니까. 소금이 좋지 않은 일을 막고, 나쁜 기운을 몰아내 깨끗이 정화하고, 잡귀까지 쫓는다고 믿었던 건 그래서였어.

또 소금을 집안 곳곳에 쌓아 두면 액이 들어오는 것을 막고 집안을 번성하게 해 준다고 믿었지. 굿을 할 때 무당들이 소금을 뿌려 대는 것도, 병충해가 심할 때 논이나 밭에 소금을 뿌리는 것도 다 같은 까닭이야. 어머니들이 부엌과 샘에 소금을 한 주먹씩 놓아 둔 것도 마찬가지란다. 아빠 차에 실려 있는 작은 소금 단지 기억하지? 그것도 소금이 나쁜 일을 막아 주길 바라면서 놓아 둔 거지.

이런 걸 두고 미신이라고 하는 사람들도 있을 거야. 그러나 아빠는 생각이 달라. 과학적으로도 맞는 얘기거든. 소금은 물과 아주 친한 성질을 가지고 있어. 그래서 물을 많이 빨아들이지. 그런데 물은 불을 막을 수 있잖아. 물을 품고 있는 소금으로 불을 이길 생각을 해냈으니, 이 얼마나 과학적이야? 이런 게 바로 경험과학일 거야. 우리 조상들이 대대로 경험한 것들을 물려받은 삶의 지혜라고 생각해.

바닷물로 불을 막는 함평 불막이제

소금이 불을 막아 준다는 믿음을 지금껏 지켜오고 있는 마을이 있어서 찾아가 보기로 했어. 전라남도 함평에 있는 수문리라는 마을이야. 별아 너는 함평, 하면 뭐가 떠오르니? 그래, 아마도 나비 축제가 먼저 떠오를 거야. 온갖 아름다운 나비들이 날아다니는 함평 들녘은 정말 장관이더구나. 해마다 봄이 되면 함평 가는 도로가 나비 관광객들로 북적인다지? 그런데 아빠는 함평 하면 고구마부터 떠올라.

1976년에 있었던 일이야. 함평은 땅이 기름지고 날씨가 따뜻해 고구마 농사를 짓는 농가가 많았어. 그해에도 농민들은 열심히 고구마 농사를 지었단다. 그런데 농사 지은 고구마를 팔 때가 지났는데도 농협에서는 고구마를 살 생각을 않는 거야. 고구마 농사를 짓기만 하면 몽땅 사겠다고 약속을 했으면서 말이야.

열심히 농사를 지어 놓고도 팔지를 못해 고스란히 밭에서 썩히거나 아주 헐값에 고구마를 넘기게 된 농민들은 화가 났어. 약속을 지키라고 농협을 찾아갔지. 농협 지도부는 농민들을 만나 주기는커녕 몽둥이세례만 하고 쫓아내더래. 자신들을 지켜 줘야 할 농협이 오히려 농민들을 막 대하니 더욱 화가 났지. 게다가 속내를 살펴보니, 고구마를 사는 데 쓰기로 되어 있었던 농협 돈을 엉뚱한 데 써 버린 거였어.

농민들은 피해를 보상하라며 시위를 했어. 전국을 찾아다니면서 농협의 부정을 폭로하고, 또 농성도 했지. 무려 1년 6개월이나 걸려서야 겨우, 함평의 고구마 농부들은 피해 보상을 받았고 잘못을 저지른 이들도 모두 벌을 받게 됐지. 땅에 엎드려 열심히 농사를 짓는 고마운 농부들이 처음으로 자기 목소리를 내기 시작한 일이어서 함평 고구마 사건은 많은 이들에게 큰 울림을 주었단다.

'불막이제'를 지내는 마을이 바로 그 함평군 손불면에 있는 수문리라는 곳이야. 간척으로 바다를 막은 곳이라 예전에는 마을 앞에까지 바닷물이 들고 났다고 해. 마을에서 큰길로 나오니 민가 옆 '진등' 마늘밭 가장자리에 '화재예방제상火災豫防祭床'이라고 쓰인 제단이 보이더구나. 예전에는 항아리만 세 개 묻혀 있었다는데, 최근에 제상도 만들고 항아리 앞에 상촌, 중촌, 하촌 표지석도 세웠대. '진등'에는 비석도 하나 서 있어. 수문리에서 불막이제를 지내게 된 까닭은 이래.

1564년이었어. 어느 고승이 전국을 유람하다 노승산(183.4m) 아래 석곡재라는 고개에 도달했지. 고승은 절터를 찾고 있었는데, 석곡재에 서서 마을을 보니 천하 명당 터라. 그런데 주변을 살펴보던 고승은 곧 탄식하며 말해.

"마을이 번창하기는 할 터인데, 저 가득한 화기를 다스리지 못하면 큰

변을 당하겠구나!"

마침 지나가던 마을 사람이 그 얘기를 듣게 됐지.

"스님, 그 말이 참말이어라? 막을 방도는 없겠습니까?"

하도 간곡하게 부탁하니 고승도 피할 수가 없어.

"그렇다면 내가 일러 주는 대로 해 보겠소?"

고승은 수문 위 등허리(진등)에 항아리를 세 개 묻으라고 해. 항아리 속에는 바닷물과 우물물을 반반씩 섞어 가득 채우라고 말이야.

"불이 나거들랑 서둘러 항아리를 다시 여시오!"

마을 사람들은 고승이 시키는 대로 했지. 항아리를 묻은 지 몇 년 뒤에, 불이 나자 사람들은 묻어 둔 항아리를 열어 봤대. 진짜 그 항아리에 물이 줄어 있더래.

그 뒤로 마을 사람들은 정월대보름이 지난 후 음력 이월 초하루에 항아리 뚜껑을 열고 물을 다시 채우고 제를 지내 오고 있는 거야. 불이 나지 않도록 한 해도 빠짐없이 말이야.

거짓말 같다고? 별아, 중요한 건 말이야. 사람들이 불을 경계하고 막으려는 강한 의지를 가지고 있었고, 노력을 게을리 하지 않았다는 사실이란다. 참이냐, 거짓이냐가 중요한 게 아니고 말이지. 아무튼 수문리 마을에서 가장 나이가 많은 김상래 할아버지는 그 고승이 '사명대사'였다고 믿고 계시더라. 그래, 맞아! 임진왜란 때 의병을 일으켜 왜적을 무찌른 바로 그 사명대사!

그때부터 지내온 불막이제가 21세기까지 이어져 내려오고 있다는 게 신기하지 않니? 그래서 이 아빠는 그 현장을 꼭 보고야 말겠다고, 벅찬 가슴을 안고 한겨울에 함평 바닷가 마을까지 달려갔던 거야.

수문리에서는 정월대보름 당산제가 끝나면 바로 불막이제 준비를 시작해. 당산제가 시골 마을에서 얼마나 중요한 행사인지는 막내 너도 알지? 아빠가 여러 번 얘기해 줬잖아. 마을의 오래된 나무에 제를 올리면서 한 해 동안의 평안을 기원하는 거라고 말이야. 네 언니들, 보리랑 푸른이, 바다랑 같이 장흥 방촌 마을에서 하루 종일 당산제를 지내는 것을 본 적도 있어.

당산제 며칠 전에 마을 어르신들은 목욕을 하고 깨끗한 마음으로 준비를 해. 제사를 지낸 다음날은 마을을 한 바퀴 돌면서 나쁜 액을 모두 모아 바다로 보내지. 그리고 풍어제도 지낸단다. 마지막으로는 마을 사람들이 모두 모여 준비한 음식을 먹으며 즐겁게 놀아. 참으로 오래된 우리 민족의 마을 축제야.

수문리 마을에서는 이 당산제만큼이나 불막이제도 큰 행사였어.

불막이제가 열리는 날이면 아침 일찍부터 마을회관 앞으로 주민들이 하나둘 모여 든단다. 옛날에는 불막이제 전날 새벽, 마을에서 십 리 정도 떨어진 바닷가까지 두 사람이 물지게를 지고 가서 물을 떠 왔대. 십 리면 4킬로미터쯤 되는 거리야. 지금은 걸어가지 않고, 차를 타고 가. 바닷물과 섞을 우물물은 마을에서 가장 먼저 생긴 웃샘 물을 써.

상에는 돼지머리, 세 가지 색 과일, 떡 같은 걸 올려. 술은 청주를 쓰고. 제사에 드는 돈은 마을 줄다리기 같은 행사 때 생기는 돈을 모아 뒀다가 쓰지.

때는 2월 초하루, 유학 김상래는 산왕 대신님, 용왕 대신님, 토지신님께 삼가 밝게 아뢰옵니다. 오늘부터 해동 조선 전라남도 함평군 손불면 대전리 내명당이 장수하고 복을 많이 받고 다섯 가지 액운, 관재, 수재, 삼재 팔란이 소멸되도록 신께서 보호하고 도우셔서 뒤에 오는 환란이 없도록 해 주시도록 삼가 맑은 술과 간소한 포혜를 신령에게 제물로 받들어 올리오니 이제 흠향하시옵소서.

제를 주관하는 김상래 할아버지가 축문을 읽으시네. 뭔 말인지 하나도 모르겠지? 하늘과 바다와 땅에 계신 여러 신들에게 마을 사람들을 지켜 주소서, 하고 비는 거라는 것 정도만 이해하면 돼. 말이 어려워서 그렇지 뜻은 하나도 안 어려워.

이렇게 신께 알리는 축문을 읽은 뒤에는 단지에 모자란 물을 채우고 흙으로 덮어 작은 무덤을 만든 다음 절을 해. 마을 사람들은 절을 올리고, 돼지 입에 돈도 물려. 끝난 뒤에는 음식도 나눠 먹고. 아빠도 우리 가족이 모두 건강하게 해 달라고 빌었어. 또 별아가 그림을 잘 그리게 해 달라고도 빌었단다.

그리고 중요한 것! 불막이제에 참석한 사람들은 단지 속에 있는 물을 한 모금씩 나눠 먹어. 그래야 한 해 동안 좋은 일만 생기고, 건강도 좋다고 하거든. 아빠도 한 모금 먹었어. 물론 절도 올리고, 제사 음식도 나눠 먹었고. 그러니까 올 한 해는 걱정 없겠다, 하하.

소금기가 들어 있는 바닷물과 맑은 우물물을 묻어 두고 일 년을 보내는 수문리 마을 사람들은 화재 걱정 없이, 걱정 근심 없이 그렇게 평안한 날들을 보내시겠지.

소금으로 불을 막는 사람들

함평 수문리 마을 말고도 소금으로 불을 막는 곳은 많아.

충청북도 단양에서도 소금 단지를 묻어 화기를 막았어. 단양의 두악산에서 지내는 '소금무지제'가 유명해. 단양이라는 이름부터가 '뜨거운(丹) 볕(陽)'을 나타내기 때문에 화재가 잦다고 믿었거든.

단양에서 소금무지제가 시작된 것도 어느 도인 때문이야. 읍내에 연못을 파고 두악산 정상에 소금 항아리를 묻으면 화재가 없어질 거라고 했대. 사람들은 도인의 말대로 마을 가운데 연못을 파고 산 정상에 소금 단지를 묻었어. 소금 단지 좌우에는 한강물을 담은 항아리를 묻었고. 그러다 최근에는 두악산 정상에 담을 쌓고 제단까지 만들어 놓고 정월대보름 전날에 제를 지내고 있지.

경상북도 칠곡군 석우리 마을에서도 소금 단지를 묻어. 마을에 자꾸 불이 나니까 또 어떤 도인이 일러 주더래. 정월대보름에 소금재에 소금을 묻고 "화봉에 불이야!" 외치고 소원을 빌면 불을 막을 수 있다고 말이야. 웬 도인이 이리 많으냐고? 사명대사 할아버지가 함평에도 가고, 단양에도 가고, 칠곡에도 들르신 건 아닐까? 옛날엔 지금보다 기가 센 분들이 좀 더 많았나 보다, 그렇게 생각하자꾸나. 아무튼 소금 단지를 묻은 뒤에 정월대보름 행사인 달집태우기를 해. 달 뜨는 시간에 맞춰 화봉에 묻어 두었던 지난해의 소금 단지를 깨뜨리고 그해의 새 단지를 묻어.

전라북도 무주군 서면마을, 강원도 정선군 여량면 염장봉, 경상북도 문경시 구왕산, 경상남도 하동군 원병왕마을 같은 곳들도 소금 단지를 묻어. 경상북도 영덕군 남정리, 경상북도 안동시 추목리, 전남 순천시 구산리 같은 마을은 소금 단지 대신 소금물 단지를 묻지.

절집에서도 불을 막기 위해 소금을 묻었단다. 별아도 절에 가 본 적 있어서 잘 알 거야. 절집은 대개 나무로 지은 건물이잖아. 그러니 얼마나 불이 무섭겠어? 불이 무섭기는 궁궐이나 절이나 매한가지인 것 같아.

팔만대장경으로 유명한 해인사 일주문 앞에는 아주 오래된 고사목이 한 그루 있는데, 이 말라 죽은 나무 가까이에 '염주석'이란 돌이 있대. 바다를 상징하는 "소금을 묻어 둔 돌"이라는 뜻이지.

비구니 스님들이 공부하는 곳으로 널리 알려진 경상북도 청도 운문사에서는 음력 정월에 소금 단지를 불당 뒤에 묻어. 경상남도 양산 통도사에서는 오월 단옷날 용왕제를 지내며 소금 단지를 사찰 처마 곳곳에 놓아두지. 그 소금 단지 윗면 봉투에 '용이 비를 내려 화재를 막아낸다'는 글귀가 적혀 있어. 불을 막기 위해 한지에 적어 두었다는 글귀 한번 볼래?

우리 집에 한 손님이 있는데 吾家唯一客
필시 바다의 사람이라 定是海中人
입으로 폭포 같은 물을 뿜어서 口吞天灘水
능히 불귀신을 죽이네 能殺火精神

이 모든 게 부처님을 모신 전각을 화재로부터 보호하기 위해서지. 부처님도 못 막는 화재를 소금 단지에 기대는 걸 보면, 소금이 부처님보다 힘이 세다는 건가? 하하.

불을 막기 위해 물을 이용했던 것처럼, 사람들은 반대로 물을 막기 위해 불의 기운을 가져오기도 했어. 람사르 습지로 지정된 우포늪에 대해 들어 봤을 거야. 낙동강 변에는 늪지가 20여 개나 있어서 창녕 사람들은 장마 때 물 피해를 입을까 걱정이 많았지. 그래서 물의 기운을 억누르고 수재를 막기 위해 창녕에 있는 산 이름에 '불'을 넣어 '화왕산火旺山'이라 지었대.

일반 가정집에서도 소금은 든든한 화재 방패막이었어. 정월대보름이면 굴뚝에 소금을 뿌려 한 해 동안 화재를 막아 주기를 기원했지. 굴뚝이나 지붕에 소금 대신 막걸리, 쌀뜨물이나 소금물을 뿌리기도 하고, 불을 막는 부적을 붙이기도 했어. 우리 선조들이 소금이 나쁜 일을 막고 부정을 씻어 준다고 굳게 믿었다는 증거야.

소금이 아니고도 불을 막으려는 방법은 많았어. 해남 땅끝마을 금강리와 화순 가수리라는 마을에서 아빠가 나무 기둥 사진을 열심히 찍었던 거 기억할 거야. "아빠, 뭐 찍는 거야?" 별아가 물었잖아. 솟대라는 이름, 기억할지 모르겠구나. 물새인 오리를 조각해 세우면 불기운을 물리칠 수 있다고 믿어서 그렇게 해 둔 거였어.

불을 막으려고 마을 제를 지내기도 하고, '물 수水' 자를 거꾸로 붙여 놓거나, 문돌쩌귀를 거북 모양으로 만들어 불을 막으려 애쓰기도 했지. 그만큼 옛사람들에게 불이 무서운 재앙이었다는 뜻이겠지?

소금을 중요시했던 건 우리만이 아니었어. 몇 해 전에 아빠가 일본에 갔을 때 일본 전통 경기인 스모를 보러 갔단다. 엄청난 몸집을 한 남자들이 거의 벗다시피하고 경기를 하는데, 구경꾼들이 아주 많았어. 우리나라 씨름은 사람들이 외면해 점점 사양길이라는데, 좀 부럽더라.

아, 그건 그렇고 그때 내 눈을 사로잡은 것은 스모 경기가 아니라 소금이었어. 선수들이 경기 전에 소금을 한 주먹 집더니 경기장에 뿌리는 거야. 이걸 '키요메노시오'라고 한다더라. 부정한 기운을 막고 스모 경기장을 맑은 기로 채운다는 뜻이래.

위스키로 유명한 스코틀랜드에서는 술을 썩게 하는 마녀를 쫓기 위해 술통 위에 소금을 한 줌씩 올려놓았다고 해.

어때? 이쯤 되면 예나 지금이나, 동양이나 서양이나, 소금의 힘이 정말 센 것 같지 않니?

소금을 얻는 여러 가지 방법

제주 돌소금

　제주도에는 아주 독특한 소금이 있어. 돌소금이라고 해. 제주도는 한라산이 폭발하면서 생긴 화산섬이어서 갯벌이 없어. 그러니 소금을 구하기도 어려웠지. 대신 용암이 바닷가로 내려오면서 만든 평평한 바위가 있어. 제주 말로 '빌레'라고 해. 넓은 암반이라 앉아서 놀기에도 아주 좋은 곳이야. 제주 사람들은 그곳에 진흙으로 작은 둑을 쌓아서 염전을 만들었대. 소꿉장난하듯 아주 작은 염전이지. 별아가 아장아장 걸을 무렵, 제주도로 가족 여행 갔을 때 구경한 적이 있어. 별아는 어려서 기억을 못 하겠지만.

　돌소금을 만들 때는 먼저 바가지로 바닷물을 퍼서 담아 놓고 햇볕에 증발을 시켜. 그런 뒤에 남은 물과 소금을 솥에 넣고 삶아. 아주 나중에는 제주 종달리라는 곳에 천일염전이 만들어지기도 했어.

　아, 그리고 또 제주도에서는 김장을 할 때도 육지와는 달랐어. 소금이 귀하니까 배추를 절일 때도 소금에 절이는 게 아니라 바닷물

에 배추를 담갔다 건져 김장을 했대. 해안가에 바닷물이 고이는 움푹 파인 곳을 '김치통'이라고 부르는 까닭이 여기에 있지. 이가 없으면 잇몸으로! 참 지혜롭고도 재미있지 않니?

자염

자염은 천일염전이 만들어지기 전, 우리 조상들이 소금을 만들던 방식이야. 바닷물을 가마솥에 넣고 끓여서 물을 증발시키는 방법이지. 바닷물을 계속 끓이면 물은 날아가고 소금 알갱이만 남는 거야. 그러니 땔감이 엄청나게 필요했어. 나중에는 땔감 구하는 게 소금 구하는 것보다 더 어렵더래.

그래서 바닷물을 보통보다 짜게 만드는 방법을 열심히 찾았어. 보통의 바닷물은 염도가 2, 3도 정도라고 했잖아. 염도를 17~19도 정도까지 높일 수 있으면 그만큼 땔감이 덜 들 것 같았어.

먼저, 밭을 갈던 소를 갯벌에 데려다가 갯벌을 갈게 해. 소가 갯벌을 갈면 다시 바닷물을 적시고, 적신 뒤에는 또 소가 갈고 해서 갯벌 흙에 바닷물을 듬뿍 묻히는 거지. 그걸 잘 말려서 쌓아 놓고 바닷물을 부으면 염도가 아주 높은 물을 얻을 수 있었대. 그 물을 가마솥에 넣고 끓이면 쉽게 소금을 얻을 수 있었어.

자염 중에는 갯벌과 소나무 밭이 좋기로 유명한 태안에서 만든 '태안염'이 아주 유명했어. 아빠가 자주 가는 신안의 섬들과 무안 일대 갯벌에서 만든 '나주염'도 유명했지. 한강 하구 경기만 일대의 '경기염'도 빼놓을 수 없지.

소금을 얻기 위해서 얼마나 나무를 많이 베어 냈는지 나중에는 아예 소나무를 베지 못하게 하는 법을 만들 지경이었대. 나무가 없으면 집도 못 짓고, 배도 못 만들고, 궁궐도 못 짓게 되니까. 특히 배가 없으면 바다에서 싸울 수 없잖아. 그래서 소나무를 베면 큰 벌을 내렸대.

지금은 자염의 가치가 많이 알려져서 얼마 전 남양주에서 열린 '슬로푸드 국제 대회'에서는 '세세에서 사라질 위기에 있는 음식과 종자' 목록에 자염이 등록되었단다.

3장 가노 가노
- 언제 가노
- 열두 소금길
- 언제 가노

물 위의 소금길

공들여 만든 소금은 권력을 지닌 왕에게도 꼭 필요했고, 돈을 벌고 싶은 장사꾼에게도 꼭 필요한 물건이었어. 왕은 전쟁이나 큰 자연재해 때 백성을 구하는 데 소금이 필요했고, 장사꾼에게는 소금만큼 이익을 많이 남길 수 있는 물건도 없었기 때문이지. 그러니 어촌이나 섬에서 만들어진 소금은 바다와 강을 지나 왕과 백성이 모여 사는 한양으로 자꾸만 올라왔어. 장사꾼들은 강과 하천을 따라 육지로 다니면서 외딴 마을까지 소금을 가져다 팔았고. 한강과 금강, 영산강과 낙동강이 대표적인 소금 뱃길이었어.

옛날에는 백성들에게 걷은 세금, 즉 쌀과 곡물을 배에 싣고 서울로 운반할 때 배를 이용했어. 지방에서 거둔 쌀과 곡물을 배에 실어 강과 바다를 통해 한양으로 운송하는 것을 '조운'이라고 해. 세금을 운반하는 배는 조운선, 조운선이 다니는 뱃길은 조운로라 했지. 조운선 중에는 쌀 1천 가마를 한꺼번에 실을 수 있는 어마어마한 배도 있었어. 그때 한 가마니가 52.9킬로그램이었으니까 무려 5만 톤이 넘는 양을 한꺼번에 옮겼다는 거야. 그 옛날에 말이야. 놀랍지?

또 강과 바다의 포구에는 쌀과 곡물을 쌓아 둘 창고를 지었는데, 이건 '조창'이라고 했어. 조창 중에서도 서울에 있는 조창을 '경창'이라고 했지. 모든 세금은 경창으로 옮겨졌어. 상업이 점점 발달하면서 소금과 쌀이 배로 서울로 옮겨졌다가 다시 지방으로 팔려가는 데도 뱃길은 요긴하게 쓰였어. 《택리지》를 쓴 실학자 이중환은 이렇게 말할 정도였어.

"조선의 상업이 발달하려면 우선 교통이 발달해야 합니다. 수레와 선박을 사용하면 상품 유통이 활발하고 전국에 시장이 발달하여, 농업과

수공업도 아울러 발달하게 될 것입니다. 통상을 하는 사람은 물길을 좋아하는데, 수레 1백 대에 싣는 양이 배 한 척에 싣는 것에 미치지 못합니다. 육로로 1천 리를 가는 것이 뱃길로 1만 리를 가는 것보다 편리하지 못하기 때문입니다."

뱃길을 얼마나 중요하게 생각했는지 알겠지?

배로 싣고 온 소금, 젓갈, 건어물은 상인들이 포구로 옮겼어. 포구에서는 돈 많은 객주가 기다리다 물건을 사서 상인들에게 넘겼단다. 그걸 받은 상인들은 물건을 등에 지거나 머리에 이고 방방곡곡 물건을 팔러 다녔지. 그래, 바로 보부상들이야. 반대로 뭍에서 곡물 장사들이 가져온 쌀과 보리는 객주를 거쳐 소금 배에 실려 섬사람과 어민들에게 팔렸어. 돈을 버는 사람은 중간에 있는 객주였지.

객주는 또 장사꾼들에게 먹을 것과 잠자리를 제공해 주고 돈도 빌려 줬어. 옛날에는 은행이 없었으니까 객주들이 은행 역할까지 해 준 거야. 그렇게 하고는 이자를 많이 받았지. 소금뿐만 아니라 미역, 생선, 특산물까지 맡아서 팔아 주었어. 그러니 돈을 아주 많이 벌었지. 객주들은 그런 물건들을 보관하기 위해 큰 창고를 가지고 있었어.

장사꾼들은 소금이나 젓갈을 팔아 쌀이나 보리, 밀, 팥, 깨 같은 곡식을 다시 샀어. 소금을 싼값에 사다 내륙에 가서 비싸게 팔고, 곡물을 싼값에 사서 곡식이 귀한 섬이나 어촌 마을에 비싸게 파니, 두 배가 남는 장사였지. 이렇게 상인들은 돈을 버는데, 소금을 만드는 사람들은 소금 만들면서 나라에 세금을 내고, 소금을 팔 때 또 세금을 내야 하니 손에 남는 돈이 별로 없었대.

소금 값이 가장 비쌀 때는 김장을 담그는 음력 10월 무렵이었어. 장을

3장 | 가노 가노 언제 가노 열두 소금길 언제 가노

담그는 음력 2월도 비쌌고. 김장할 때랑 장 담글 때 없어서는 안 되는 게 바로 소금이었으니까. 게다가 이 무렵이면 날씨가 추워서 소금을 만들기 힘들거든. 그러니 소금이 많이 나는 여름보다는 당연히 비쌌겠지.

소금을 보관했다가 값이 오르는 겨울 무렵에 팔면 또 돈을 많이 벌 수 있었어. 그러려면 소금을 잘 보관할 수 있는 창고가 필요했을 거야. 소금을 옮기는 중에 소금이 녹아 1백 가마가 스무 가마로 줄어드는 경우도 있었다고 하니까, 소금이 중간에 녹아 없어지지 않도록 하는 데 공을 들일 수밖에. 영산강에는 영산포에, 낙동강에는 상주 낙동포에 큰 소금 창고가 있었어. 금강에는 강경에, 한강에는 마포에 소금 창고가 있었지.

소금 창고 말고 소금 가게도 있었어. 서울에는 경 염전, 마포 염전, 용산 염전 같은 곳들에서 소금을 팔았지. 전라도, 충청도 등에서 소금을 만들어 배에 싣고는 한강의 객주에게 팔면, 객주는 다시 시전 상인들에게 팔고, 상인들은 다시 백성들에게 팔았어.

옛날에는 소금 만드는 것도 나라에서 허락을 해 줘야 했고, 소금을 팔 때도 나라에서 하락을 해 준 사람들만 팔 수 있었어. 그렇게 판매권을 독점한 사람들이 바로 시전 상인들이야. 대신 상인들은 소금 한 섬을 팔 때마다 약간의 세금을 냈지. 시전 상인들이 소금을 싸게 사서 비싸게 파는 일이 많아지면서 백성들이 힘들어하자 나중에는 세금만 내면 누구나 소금을 팔 수 있게 바뀌었어.

그렇게 되니 돈이 많았던 객주들이 큰 이득을 보게 됐어. 객주들이 풍부한 자금을 바탕으로 소금을 잔뜩 사다 놓고 팔았거든. 나중에는 부자들이나 양반가에서도 소금을 만들고 파는 일에 뛰어들었어.

육지의 소금길

소금을 싣고 다니는 뱃길이 있었던 것처럼, 뭍에도 소금길이 있었어. 소금 장수들이 지게에 소금을 지고 넘던 길이야. 옛날, 지게를 지거나 등짐을 지고 소금을 팔러 다녔던 옛길은 어떤 곳들인지 살펴볼까?

별아, 우리나라 지도 중에서 호랑이 꼬리쯤에 있는 도시가 어디인지 아니? 울산이야. 바로 여기에 울산 소금길이 있어. 옛날 울산에서는 서해안에 견줄 만큼 소금이 많이 났었거든. 소금을 엄청 생산했던 울산 남구 지역이 지금은 전부 공업단지로 바뀌는 바람에 그 흔적이 많이 남아 있진 않아. 오래 전에는 울산 장날이 되면 경상북도의 밀양이나 청도 같은 곳에서 소금을 사러 사람들이 몰려들었대. 가지산을 넘고, 운문재를 넘고, 또 소호령을 넘어서 말이야.

또 유명한 소금길로는 울진에 있는 십이령이라는 고갯길이 있어. 십이령을 우리말로 하면 '열두고개'야. 진짜 고개가 열두 고개였다기보다는, 그만큼 굽이굽이 고갯길이 많아서 넘기 힘든 고개였다는 뜻이지. 바로 이 십이령이 동해안에서 난 미역과 낙동강 인근에서 생산한 소금이 오가는 길이었어.

별아, 한번 상상해 봐. 행상, 바지게꾼이라 불렸던 보부상들이 미역과 소금 같은 생필품을 지게에 싣거나 등짐을 하고 높다란 고갯마루를 오르고 내리는 장면을 말이야. 차도 없고, 하다못해 수레조차 없었던 시절이니 믿을 건 오로지 튼튼한 몸밖에 없었을 거야.

보부상들은 울진과 봉화 사이를 넘어 다니면서 닷새마다 열리는 장을 찾아 울진, 봉화, 춘양 등을 돌아다녔대. 무려 사흘 낮과 밤을 걷기도 했

어. 보부상이 많을 때는 스무 명 정도가 떼를 지어 오가기도 했지. 이 길을 오가며 보부상들이 불렀다는 〈십이령 바지게꾼〉 노래가 있어.

미역 소금 어물 지고 춘양장을 언제 가노
가노 가노 언제 가노 열두 고개 언제 가노
시그라기* 우는 고개 내 고개를 언제 가노

(…)

대마 담배 곡물 지고 흥부장을 언제 가노
가노 가노 언제 가노 열두 고개 언제 가노
시그라기 우는 고개 내 고개를 언제 가노

*시그라기: 풀숲에 사는 풀무치를 다르게 이르는 말.

노래 속에 "미역 소금 어물 지고", "대마 담배 곡물 지고" 장에 간다는 대목이 있어. 노래 하나만으로도 그때 보부상들이 어떤 물건을 가지고 다니면서 팔았는지, 어느 지역을 거치면서 다녔는지 한눈에 알 수 있어. 고갯마루에 앉아 땀 식히면서, 혹은 힘들게 고개를 오르면서 이런 노래로 고단함을 달랬을 옛사람들 모습이 그려지지 않니?

고속도로가 된
소금길

또 서울과 가까운 경기도 안산에서는 소금과 어물을 가지고 마포까지 오르내렸어. 그 소금길이 바로 오늘날 서부간선도로가 되었단다. 소금길이 고속도로가 된 거지. 서울 사람들이 서해안고속도로를 타고 남쪽으로 내려갈 때 지나게 되는 이 서부간선도로에 등짐 진 소금 장수들이 늘어서 있는 모습을 상상해 보렴. 아빠는 참 놀랍고도 신기하구나.

소금을 나르는 기찻길도 있었어. 일제강점기에 만든 수인선이라는 기찻길이 쌀과 소금을 나르기 위해 만든 기찻길이야. 이 기찻길이 만들어진 사연은 좀 슬퍼. 수원에서 인천까지 놓인 기찻길이라고 해서 첫 글자를 따 '수인선'이라고 한 건데, 일본이 우리나라의 소금과 쌀을 인천항을 통해 실어 가기 쉬우라고 놓은 철도였거든. 그 사이에 소래 염전, 남동 염전, 군자 염전 등 큰 염전이 모여 있었지. 궤도가 좁아 협궤열차라고도 했어.

일본 회사가 돈을 들여 만든 이 철도는 우리의 소금과 쌀을 거의 강탈하다시피 싼값에 빼앗아 일본에 가져가는 데 이용됐어. 마차에 싣거나 배로 운반하는 것보다 기차로 운반하면 훨씬 많은 양을 빠른 시간에 가져갈 수 있었지. 해방 전까지 소금과 쌀을 마구 빼앗아 가다가 독립 후에는 중단됐어. 그러다 고속도로가 놓이면서 화물을 운반하던 이 철도는 서민들이 이용하는 기찻길이 되었어.

일제가 도로도 놓아 주고, 철도도 놓아 줘서 우리나라 경제가 발전할 수 있었다고 헛소리 늘어놓는 사람들 있지? 그 사람들은 이 철도나 도로 때문에 그때 우리 백성이 얼마나 고통받았는지 따위에는 아무 관심이 없으니까 그런 소리를 할 수 있는 거야. 지금 결과가 좋기만 하다면, 어떤 나쁜 의도가 있었고 나쁜 짓을 저질렀다 해도 아무 상관이 없다는 거지. 정말 무서운 생각이야.

이 수인선이 다니는 열차역 가운데 가장 유명한 곳은 소래역이었어. 그곳에는 우리나라에서 가장 큰 염전인 소래 염전이 있었거든. 이 수인선은 1995년에 폐쇄되었다가 최근에 추억의 열차로 다시 살아났단다. 아빠랑 나중에 꼭 같이 타 보자꾸나!

아, 그리고 아예 이름이 '소금 장수길'이라고 붙은 곳도 있어. 아빠랑 올라갔던 무등산 기억하지? 신안의 섬 지역과 무안에서 만든 소금이 배로 영산포까지 올라온 뒤에 등짐장수들이 소금을 받아서 무등산을 넘어 담양, 곡성, 구례, 화순까지 옮겼어. 소금뿐 아니라 나무, 쌀 같은 것을 팔려고 많은 상인, 봇짐장수들이 무등산을 넘었지. 광주광역시에서 무등산 옛길을 만들면서 그 사람들이 다녔던 여정을 따라 소금 장수길을 만든 거야. 여기도 같이 걸어 보자, 꼭!

검단선사의 보은염길

별아, 이번에는 보은염길에 대해 들려줄게. 쉽게 풀어서 말하면 '은혜 갚은 소금길'쯤이 될까? 한번 들어 보렴.

옛날 전라북도 고창군 도솔산이라는 곳에 검단선사라는 훌륭한 스님이 절을 지으러 왔어.
그런데 그 산속에는 아주 무서운 도적 떼가 우글우글했지.
얼마나 무서운지, 사람들은 그곳에는 아예 갈 생각을 안 해.
그러니 절을 지으러 아무도 안 오는 거야.
검단선사는 절을 지으려면 도적 떼부터 해결해야겠다는 생각을 하고는 그 무섭다는 도둑을 찾아갔어. 그러고는 물었지.
"왜 남의 물건을 빼앗으며 사는 것이오?"
"먹고살 길이 없으니 그러합니다."

"그렇다면 내가 먹고살 방도를 일러 주면 도둑질을 그만두겠소?"
"당연한 말씀입지요!"

검단선사가 도적들에게 가르친 것은 소금 만드는 법이었어. 소금을 만들 수 있게 된 도둑들은 소금을 팔아 쌀을 샀어. 그러니 이제 도둑들도 남의 것을 빼앗을 필요가 없게 됐지. 모두 마음을 고쳐 먹고 착하게 살면서, 백성들의 물건을 훔치거나 고갯길 나그네에게 돈을 빼앗지도 않게 됐지.

나쁜 짓은 그만두고 소금을 만들며 착하게 살았더래.

착한 백성이 된 도적들은 검단선사의 은혜를 어떻게라도 갚고 싶었어. 그래서 해마다 봄과 가을에 맨 처음 만든 좋은 소금을 검단선사가 세운 선운사 부처님께 올렸지.

도둑들이 소금을 바치러 가던 길을 사람들은 '보은염길'이라 불렀어.

그 길은 곰소만 갯벌에서 시작해. 고창군 심원면에 검단마을이라는 곳이 있는데, 지금의 사등리가 바로 그곳이야. 아빠는 이 마을에 사시는 김만수 할아버지 덕분에 옛날 소금 만드는 것을 가까이에서 보기도 했지.

사등마을 뒤쪽 높은 산을 넘으면 선운사가 나와. 거기 바위에 '마애불'이라는 부처님이 새겨져 있는데, 부처님 배꼽에 검단선사가 책을 넣어 두었다는 전설이 있어. 이 책을 꺼내면 세상이 뒤집힌다고들 했지. 동학 운동 대장이었던 손화중이라는 분이 이 책을 꺼내 세상을 뒤집으려고 했는데, 전설대로 되지는 않았던가 봐.

별아, 언제 아빠와 함께 보은염 만드는 마을이랑 소금전시관에 가 보자. 그리고 검단선사가 만들었다는 선운사에서 동백꽃과 꽃무릇도 구경하고 말이야. 정말 아름다운 곳이란다.

60년 만에 만든 보은염

김만수 할아버지는 여든 살이 넘었어. 소금 배가 오가던 검단포구가 있는 전라북도 고창군 심원면 사등마을에서 나고 자란 분이지. 옛날에는 바닷물을 끓여서 소금을 얻었어. 그러다 천일염전을 시작하게 되면서 시간도 많이 걸리고, 힘도 엄청 드는 전통 소금 자염은 사람들에게 조금씩 잊혀졌어.

어쩌면 그렇게 까맣게 잊었는지, 나중에는 전통 소금을 되찾고 싶어도 어떻게 해야 하는지 방법을 몰라 복원을 못 할 지경이었지. 전통 소금을 찾아다니다가 김만수 할아버지를 만나고 아빠는 뛸 듯이 기뻤어. 할아버지는 바닷물을 끓여서 소금을 얻는 과정을 똑똑히 기억하고 계셨거든. 할아버지가 그러셨어.

"내 소원은 죽기 전에 내 손으로 다시 소금을 구워 보는 것이라오."

아빠도 그 모습을 보고 싶었지. 할아버지의 소원이 이루어진 것은 2008년이야. 잊혀진 자염을 되살리는 일에 할아버지가 도움을 주셨어. 십대 후반이었던 1940년대에 형에게 처음 소금 굽는 걸 배운 뒤 할아버지 나이 스물네 살에 마지막으로 굽고 그만두었으니, 참으로 오랜 시간 묻어 둔 재주였어. 처음 형님과 함께 사흘 동안 소금을 구워, 논 세 마지기를 샀대. 소금 값이 금값이었던 시절의 일이야.

할아버지네 마을에는 소금 굽는 가마가 모두 8개였는

데, 그때는 염전 일이 다른 일보다 벌이가 좋아서 염전 일을 많이 했어. 그러다 가까운 곳에 삼양 염전, 곰소 염전 같은 큰 염전이 만들어지면서 자염의 가치가 떨어졌어. 소금 구울 땔감은 구하기도 어렵고, 일할 사람도 없어서 자염은 자연스레 사라졌지.

몇십 년 만에 자염을 다시 구우려니 할아버지는 저절로 마음이 떨렸어. 그래서 소금을 굽기 전에 샘에서 물을 떠다가 가마에 붓고 정성스레 고사도 지냈지. 그러고는 아침 여덟 시부터 가마에 불을 지폈어. 불을 지피는 손도 떨리시더구나.

할아버지가 불을 지피자 기다렸다는 듯이 불길이 가마 속 아궁이로 쑤욱 빨려 들어가. 밤새 바닷물을 끓인 뒤 다음날 아침에서야 소금이 가라앉기 시작했지. 그동안 나무가 엄청나게 많이 들었어. 옛날에는 바닷물 한 가마를 구우려면 장작이 열 짐이나 필요했대. 그러니 1960년대 이 일대의 산들은 온통 민둥산일 수밖에 없었지. 소금 구울 나무를 구하려고 변산과 격포까지 다녀오기도 했어.

할아버지가 벌막을 지키는 동안 아빠도 그 옆에서 꼬박 날을 샜어. 할아버지는 땀을 뻘뻘 흘리면서도 뿌듯한 얼굴이셨지. 드디어 아침이 오고, 가마에서 뽀글뽀글 소금 내리는 소리가 들려. 할아버지는 불길을 죽이고 불을 낮추셨어. 그래야 소금이 산대. 벌막 가마에 하얗게 소금이 내렸어. 할아버지가 당그래로 소금을 긁는 동안 아빠 눈에서는 눈물이 흐를 뻔했지. 얼마나 감동적이었는지 몰라.

"이제 내 할 일은 다 끝났소."

김만수 할아버지는 그렇게 원하던 소금을 성공적으로 구워 내셨어. 꿈속에서도 잊지 않으려 했던 소금 굽는 기술이었단다. 60년 만에 만든 소금을 들고 선운사에 보은염을 바치러 가는 길, 부처님이 할아버지를 몹시 반겨 주셨을 거야.

별아, 우리나라에는 갯벌이 발달해서 천일염을 생산하기 좋다고 했어. 그런데 이 세상에는 바다가 없는 나라도 있고, 바다는 있는데 갯벌이 없는 나라도 있어. 바다도, 갯벌도 없는 나라도 있고. 그런 나라는 소금을 도대체 어떻게 구했을까?

갯벌이 없어도 소금호수가 있는 나라들은 걱정이 없었어. 오랜 옛날, 바다와 육지가 지진 같은 지각 변동을 겪으면 육지 안에 바닷물이 갇혀 소금호수가 만들어지기도 했어. 이스라엘에 있는 사해가 유명하지. 사진으로 봤을 텐데, 사람들이 억지로 노력하지 않아도 호수에 둥둥 뜨는 것으로도 널리 알려져 있어. 염도가 높은 물이어서 그래. 시간이 엄청나게 흐르는 동안 물은 증발하고 소금만 남게 되는데, 사람들은 거기에서 쉽게 소금을 얻을 수 있었어.

소금 산에서 소금을 얻는 나라들도 있어. 소금 산에서 나는 소금은 암염이라고 하는데, 전 세계 소금 생산량의 3분의 2를 차지할 정도야. 우리에게는 낯설지만 다른 나라 사람들에게는 이 암염이 더 익숙해. 소금 광산 역시 지각 변동으로 육지와 바다가 뒤집어지면서 수백만 년 동안 바닷물이 증발하고 남은 거야. 안데스산맥이나 로키산맥에 소금 산이 많아. 미국이나 유럽에도 많고. 유럽 여러 나라들은 서로 소금 산을 차지하기 위해 전쟁을 벌이기도 했어.

암염을 얻으려면 석탄을 캐는 것처럼 굴을 파고 내려가야 해. 아니면 땅속으로 관을 집어넣고 물을 부어 소금을 녹인 뒤 소금물을 끌어올려 다시 물을 증발시키는 방법을 쓰기도 하고. 갯벌에서 소금을 얻는 것도 신기하지만 산에서 소금을 캐는 것도 참 신기해. 그래서 소금 광산을 구경하려고 많은 관광객들이 찾는 건가 봐.

그런데 별아, 옛날에는 요즘처럼 교통이 발달하지 않았잖아? 우리나라가 갯벌이 발달했다고 해도 서해안에서 강원도까지 소금이 오가는 일이 쉽지 않았어. 나라와 나라 사이라면 더 힘들었겠지. 요즘 같으면 슈퍼마켓에 가면 얼마든지 소금을 살 수 있지만 슈퍼마켓이 없던 시절에는 사람들이 도대체 어떻게 소금을 구했을지 궁금해.

쌀을 줄 테니,
소금이랑 바꿔 줘

지금 우리가 쓰는 화폐가 생기기 전 사람들은 돈을 주고 물건을 사는 게 아니라, 나에게 있는 물건과 상대가 가지고 있는 물건을 서로 맞바꾸곤 했어. 물물교환이라고 하지. 예를 들어, 바닷가에 살아서 물고기를 쉽게 잡을 수 있었던 사람들은 물고기를 육지로 가져가 쌀과 바꾸는 거야.

소금도 마찬가지야. 농사지을 땅이 많은 평야 지대에서는 쌀값은 싸지만 소금은 귀해. 반대로 갯벌과 바닷물이 많은 해안에서는 소금은 싸지만 쌀은 아주 비싸. 그러니까 평야에 사는 사람들과 해안에 사는 사람들이 서로 필요한 것을 맞바꾸면 둘 다 이익인 거지.

제주도 같은 섬을 생각해 보렴. 섬일수록 소금은 더 얻기 힘들었을 거야. 제주도는 화산섬이라 갯벌도 없고 나무도 귀해 많은 소금을 구울 수가 없었으니까. 바닷가에는 흙 대신 검은색 화산암만 많아서 천일염전을 만들 수도 없었지. 제주에서도 돌소금이나 자염을 만들기는 했지만 그 양이 터무니없이 적었지. 대신 질 좋은 미역은 여기저기 지천으로 깔려 있었어.

지금처럼 완도나 남해안에서 미역 양식을 하기 훨씬 전에는 뭍에 사는 사람들 대부분이 제주 미역을 먹었어. 해녀들이 물질을 해서 뜯은 미역 말이야. 보통 사람들도 미역국을 좋아하지만, 아기를 낳은 엄마들은 꼭 미역국을 먹어야 했어. 딸을 시집보낼 때는 좋은 미역을 혼수품으로 보낼 정도였으니까, 미역은 우리 생활에 꽤 중요한 먹을거리였던 셈이야. 그러니 미역도 소금만큼이나 귀한 것이었지.

그래서 제주 사람들은 미역을 배로 싣고 와서 뭍에 팔고, 귀한 소금을

가져갈 수 있었어. 울릉도와 독도, 조도, 가거도처럼 뭍에서 멀리 떨어진 섬들은 모두 그렇게 소금을 구했어.

그러다 나중에는 장사를 하는 사람이 중간에서 사고파는 것을 도왔어. 소금을 만든 사람이나 농사를 지은 사람이 일일이 다닐 수 없으니까 소금 장수의 활약이 중요했던 거야.

그러다 더 시간이 흐르면 시장이 만들어지게 돼. 강을 따라 소금을 비롯한 각지의 물건을 가득 실은 배가 다니면서 포구에 부려 놓았지. 그래서 배가 닿는 포구에 큰 시장이 생겨났어.

한강 포구 가운데는 서울의 마포나루가 유명했고, 인천이나 부산, 목포나 군산 같은 큰 도시들에도 큰 시장이 섰어. 도시들이 모두 해안가에 만들어진 것도 다 이유가 있는 거야. 그중에서도 특히 목포, 마포, 부산, 인천 같은 곳에 소금이 많이 모였어.

연예인만큼
인기 있었던
소금 장수

그렇게 모인 소금을 전국 방방곡곡으로 나른 사람이 바로 소금 장수란다. 차도 없던 아주 옛날, 소금 장수는 안 다니는 곳 없이 다니면서 소금을 날랐어. 지게를 지고, 걷고 또 걸어서 다녔지. 배가 포구에 소금을 부려 놓으면 소금 장수는 지게에 소금 가마니를 지고 전국으로 팔러 다녔어. 소금은 바닷물로 만들어졌기 때문에 대부분이 물이고, 거기에 염소와 나트

륨이 붙어 있지. 그래서 다른 것보다 훨씬 더 무거워. 소금 한 줌이랑 설탕 한 줌을 들고 비교해 보렴. 어때, 금방 알겠지?

　소금 장수는 그 무거운 소금 지게를 지고 이 마을 저 마을 다니는 거야. 마을에 들어서면 집집마다 돌면서 한 바가지씩, 두 바가지씩 팔았지. 그러다 날이 저물면 하룻밤 자고 또 다른 마을로 가는 거야. 그러니 얼마나 많은 이야기를 알고 있겠어? 신문도 방송도 없던 옛날에는 소금 장수만큼 세상 소식을 빠르고 널리 퍼트려 주는 사람도 없었지. 요즘으로 치면 연예인만큼 인기가 있었다니까. 서로 소금 장수를 데리고 가려고 했대.

　소금 장수는 누구네 집 딸이 결혼을 하고, 누구네 집 할머니가 몸이 아파 누웠고, 누구네 집 아이가 똘망똘망한지, 누구네 집 아이가 심성이 나쁜지, 온갖 소식을 물어 날랐어. 그래서 결혼 못 한 처녀총각 중매도 서 주고, 몸이 아픈 사람에게는 좋은 의원이나 약도 소개해 주고, 풀기 어려운 문제에 좋은 방법도 알려 주곤 했대.

　뿐만 아니야. 옛날이야기도 엄청 많이 알았지. 보고, 듣고, 겪는 게 엄청나게 많았기 때문에 가능한 일이야. 별아도 여행을 많이 하면 소금 장수처럼 생각 주머니, 이야기 주머니가 엄청 커질지도 몰라.

　할머니도 아빠 어렸을 때는 소금 장수 이야기를 자주 해 주셨어. 할머니가 알고 있는 소금 장수 이야기만 해도 백 개는 더 되는 것 같았지. 도대체 왜 그렇게 소금 장수 이야기가 많았던 걸까? 소금 없이 살 수 있는 사람은 없었으니 전국을 누벼야 했을 테고, 그만큼 안 가는 곳 없이 많은 곳을 다녔기 때문이 아닐까 싶어. 소금 장수에 얽힌 옛이야기는 다음 장에서 좀 더 자세히 들려줄게!

우리 소금, 수입 소금

나라와 나라 사이에도 서로 필요한 것을 사고팔고 해. 그걸 무역이라고 하지. 우리나라에서 나지 않는 석유를 중동에서 수입해 오고, 우리가 만든 핸드폰이나 에어컨은 다른 나라에 팔아. 소금도 마찬가지야. 소금을 생산하는 나라가 소금을 생산하지 않는 나라에 파는 거야.

그런데 생각해 보렴. 사람은 소금을 먹지 않으면 살 수가 없잖아. 그러니 값이 얼마더라도 사 먹을 수밖에 없어. 필요한 양보다 만들어지는 소금의 양이 적으면 다른 나라에 도움을 청할 수밖에 없지. 조선시대에도 그랬어. 갯벌에서 생산하는 천일염은 우리나라 백성 모두가 풍족히 먹기에는 양이 많지 않았어. 만들기 힘드니까 값도 비싸고. 그래서 가까운 나라 중국에서 소금을 수입해다 먹었어. 그때는 청나라라고 했지.

청나라에서 가져온 소금은 청국염, 혹은 호염이라 했어. 호염이란 '오랑캐 나라의 소금'이라는 뜻이야. 당시 산둥 지역은 청나라 최대의 소금 생산지였는데, 청나라는 우리보다 훨씬 일찍 천일염전을 시작했어. 소금 생산 기술이 일찍 발달한 거지.

청나라 소금 값은 조선 소금 값의 절반이었어. 그러니 가난한 백성들이 얼마나 좋아했겠어? 그런데 이게 임금님이나 지배 계층에게는 별로 달갑지 않은 일이었어. 백성들이 우리 소금을 사 먹어야 소금에 세금을 매길 수가 있는데, 청나라에서 사다 먹으면 세금을 못 받잖아? 조선시대에는 소금을 생산하고 판매할 때마다 나라에 세금을 냈으니까 말이야. 나라 곳간을 생각하면 큰일이었지. 소금세가 그만큼 나라 재정에 큰 비중을 차지

하고 있었다는 뜻이기도 해.

　일제강점기 때도 중국에서 소금이 많이 들어왔어. 중국 소금이 많이 들어오자 일본은 화가 났지. 소금 상인들이 신고도 않고 중국에서 몰래 자꾸 소금을 들여오니까. 오늘날에는 세관이 있어서 우리나라에 들어오는 배는 어떤 배든지 신고 온 물건과 사람을 신고해야 하는데, 당시에는 그런 제도가 갖춰지지 않았거든. 몰래 들여오니 세금을 매길 수도 없고, 소금 시장도 혼란해졌어.

　일본은 청나라에서 몰래 들여오는 소금도 막아야 하고, 우리나라에서 값싼 소금을 만들어 일본에 가져가기도 해야 했어. 두 마리 토끼를 다 잡아야 했지. 그래서 인천 주안에다 염전을 만들었어. 바로 우리나라 최초의

염전인 주안 염전이야. 일본은 만주국에서 기술자들을 데려와 염전을 만들게 했어.

우리나라 천일염이 본격적으로 만들어진 결정적인 계기는 청나라와 조선의 소금 무역 때문이었던 거지. 그때까지만 해도 우리나라에는 천일염전이 아니라 바닷물을 가마솥에 넣고 불을 때서 소금을 얻는 자염 방식이 훨씬 성행했거든. 소금 장수가 지고 다니면서 팔았던 것도 바로 이 자염이야. 요즘은 너무 비싸 아무나 사 먹지 못하는 귀한 소금이지만 그때는 오히려 일반 백성 누구나 먹을 수 있었던 보편적인 소금이었던 거지.

지금 우리나라가 소금을 가장 많이 수입하는 곳은 멕시코, 중국, 호주야. 우리나라 사람들이 일 년 동안 쓰는 소금은 약 350만 톤이래. 그런데 우리나라에서 한 해 동안 생산되는 소금은 겨우 50만 톤뿐이야. 나머지 3백만 톤은 수입되고 있는 셈이지. 수입된 소금은 대부분 공업용으로 사용하고, 먹는 소금은 우리나라에서 생산한 천일염 30만 톤 정도야. 실제로 한 해 동안 필요한 먹는 소금은 60만 톤 정도라니까 30만 톤이 부족한 셈이지.

소금의 양이 부족한 것 말고 품질도 문제야. 멕시코에서 수입하는 소금은 암염이고, 중국에서 수입하는 소금은 천일염이야. 우리도 천일염으로 소금을 생산하니까 얼핏 봐서는 중국 소금과 우리 소금을 구분하기가 힘들어. 지금이야 세관에서 나라와 나라 사이를 오가는 물품을 철저하게 조사하니까 옛날처럼 몰래 들여오지 못하지만, 대신 중국산 소금을 국산 소금으로 둔갑시켜 파는 나쁜 사람들도 있단다.

중국 소금은 우리 소금보다 값이 싸. 물론 품질은 좋지 않지. 소금 맛도

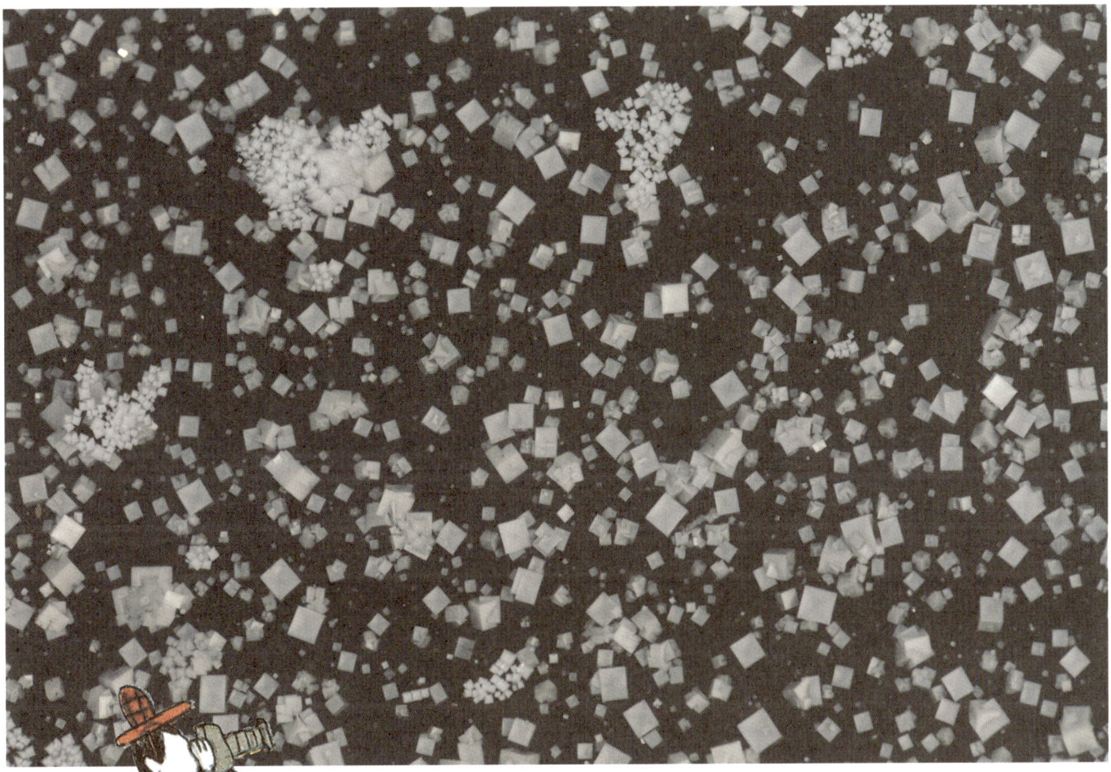

쓰고, 잘 녹지도 않아. 그래서 김치나 젓갈을 담그면 맛이 없어서 먹기 힘들 정도래. 우리 소금이라야 우리 음식을 요리하는 데 알맞아. 우리 소금은 옛날부터 써 오면서 우리 땅에서 나는 식재료와 맞춰졌기 때문이야. 그러니 중국 소금보다 우리 소금이 더 비싼 것도 당연해. 그런데 값싼 중국 소금을 우리 소금이라고 속여서 파는 거야.

별아, 이런 일이 반복되면 어떻게 되겠니? 우리나라에서 소금을 생산하는 사람들은 제값에 소금을 팔기 어렵고, 사서 먹는 사람들은 생산자를 믿지 못하게 돼. 결국 생산자나 소비자가 모두 피해를 입는 거야. 이런 것을 철저히 단속해야 하는 까닭이 여기에 있어.

소금이 궁금해? 여기로 가 봐!

1 소금이 모이는 곳, 마포나루

　마포나루는 오늘날 서울의 마포동과 용강동 일대를 말하는데, 서해는 말할 것도 없고, 전국에서 생선과 소금을 팔기 위해 배들이 오가던 포구야. 한양 도성에서 서쪽으로 십 리쯤 되는 곳에 있었던 나루터지. 삼개나루라고도 불렀대. 지금으로 치면 여기가 여의도공원쯤 되겠네. 옛날엔 여의도공원이 모두 모래사장이었다지 뭐야.

　그곳에 소금과 젓갈을 실은 배들이 많이 모여들었대. 한양 도성 사람들이 먹는 소금과 새우젓은 죄다 이곳에서 공급했지. 객주들은 배로 싣고 온 생선과 소금을 창고에 보관하며 대신 팔아 주고, 여각이라는 숙박 시설도 만들었지. 이들 상인을 '경강상인'이라고 했어.

　최근에 마포구에서 '한강 마포나루 새우젓 축제'를 연다는 소식을 들었어. 옛날 마포나루의 번영된 모습을 기억하려는 뜻일 거야. 강경, 광천, 신안, 소래, 강화 등 옛날 마포나루에 소금과 새우젓을 날랐던 곳에서 직접 좋은 소금과 새우젓을 가져와 팔기도 한단다.

2. 소금 장수가 모여 살았던 마을, 염창동과 염리동

　서울 강서구에 염창동이라는 마을이 있어. 옛날에 소금 창고가 있던 마을이라고 해서 이름도 '염창동鹽倉洞'이야. 옛날에는 소금밭에서 일을 하는 사람을 '염한이'라고 낮춰 불렀고, '염한이'들이 모여 사는 마을은 '염소', 소금을 보관하는 창고는 '염창'이라 했단다. 그래서 염창동이 된 거야.

　마포구에는 염리동이 있는데, 소금마을이라는 뜻이야. 한강을 따라 소금을 싣고 온 배가 머물던 곳이지. 마포구 염리동은 최근에 '소금길'로 디자인을 해서 산뜻하게 바뀌었어.

　소금 만드는 가마가 있는 곳이나 만드는 사람들이 사는 곳은 대부분 서해안 어촌이나 섬마을이었어. 그러나 소금 창고는 큰 포구에 있었지. 마포의 소금 창고가 가장 대표적이었단다. 옛날에는 서해안과 남해안의 염전에서 만든 소금을 서해 뱃길을 통해 한강 하구까지 들여왔어. 소금은 비가 오거나 날씨가 좋지 않으면 쉽게 녹기 때문에 소금 창고가 꼭 필요했지. 염창동은 언덕처럼 솟아 있어 홍수가 나도 걱정 없이 소금을 보관할 수 있었어.

3 〈소래습지생태공원〉과 〈시흥갯골생태공원〉

소래 포구는 지금도 우리나라에서 육지 가장 깊숙이 바닷물이 들어오는 곳이야. 시화호 수문 입구에서 시작해 오이도를 지나 소래 포구에 이르면 물길이 두 개로 갈라져. 하나는 경기도 시흥시로, 다른 하나는 인천 남동구로 갯골을 따라 흘렀지. 인천 남동구 소래 염전은 〈소래습지생태공원〉으로, 시흥 소래 염전은 〈시흥갯골생태공원〉으로 조성되었어.

아빠가 처음 〈소래습지생태공원〉에 갔을 때 소금은 만들어지지 않았지만, 염전 형태가 그대로 남아 있었어. 창고에는 소금도 있었지. 그런데 얼마 전에 가 봤더니 소금밭에는 갈대와 띠가 자라고 개망초꽃만 잔뜩 피어 있더라. 고라니도 많이 산대. 소금 창고는 낡아서 무너지고, 뭍이 된 염전에는 풍차가 자리를 잡았어. 그나마 작은 염전을 복원해서 체험장으로 이용하고 있어 다행이야. 갯벌 생태 체험도 할 수 있어.

옛날에는 하루에 두 번씩 갯골을 따라 바닷물이 들어왔지만 지금은 아파트도 짓고 공장도 지으면서 갯골이 좁아져 한 달에 두어 차례만 들어온대. 바닷물이 남아 있는 곳에는 칠게가 많고, 딱딱한 갯벌에는 농게가 많아.

〈시흥갯골생태공원〉은 칠면초, 나문재, 퉁퉁마디 같은 염생 식물과 붉은발농게, 방게 같은 갯벌 생물을 가까이서 볼 수 있는 흥미로운 곳이란다. 생태계가 잘 보전되어 2012년 2월 '국가습지보호구역'으로 지정되었어. 도시 가까이에 있는 소중한 습지 생태 공원으로 자리 잡게 되어서 얼마나 다행인지 몰라.

그런데 공원을 만들면서 소중한 갯골이 많이 훼손되고 그저 그런 놀이터가 되어 가는 느낌이 들어 아쉽기도 해. 아빠가 이곳에 처음 갔을 때는 갯골 방조제를 따라 늘어선 소금 창고가 엄청 인상적이었는데, 근대문화유산으로 지정하려고 하자마자 소금 창고를 부숴 버리는 통에 그럴 수 없었단다. 끝까지 지키지 못해 미안하구나.

4 등록문화재 대동 염전과 태평 염전

대신 전라남도 신안에 있는 염전 두 개는 근대문화유산으로 지정하는 데 성공했어. 그때도 아빠가 직접 조사에 참여했단다. 전국에 있는 염전 아홉 곳을 조사해서 가장 먼저 대동 염전과 태평 염전을 문화재로 등록했지. 대동 염전과 태평 염전 모두 생태적 가치와 문화적 가치를 두루 갖추고 있는 염전이었어.

특히 신안군 증도에 있는 태평 염전은 소금 창고 60여 동과 너른 염전, 저수지가 어우러져 아름다운 풍경을 보여 주는 곳이야. 유네스코 생물권 보전 지역으로도 인정받아서 생태 관광에도 좋은 곳이지. 염전 체험 장소로도 훌륭하고, 소금박물관, 소금 창고 미술관 같은 문화 공간도 잘 꾸며져 있어 소금에 대한 모든 것을 확인하고 돌아올 수 있는 곳이기도 하단다.

대동 염전은 섬마을 주민들이 생계를 위해서 직접 참여해 만든 염전이야. 피난민이나 주민들을 강제로 동원해서 만든 염전과 다르지. 이렇게 주민들이 직접 만든 염전은 돈을 끝까지 대기가 힘들어 부자들에게 빼앗기기 일쑤였어. 대동 염전도 염전을 만들다 은행 빚을 제때 갚지 못해 돈이 많았던 주조장 주인과 객선 선주 등이 지분을 갚아 주고 염전을 대신 개발했대.

그중 신안 비금도 출신의 명만술이라는 할아버지가 대동 염전 개발을 마무리해 오늘의 염전 모습을 일구었지. 몇 년 소금을 생산하다 재정난이 닥쳤을 때도 할아버지는 염전을 처음 만들 때 힘을 모았던 주민들이 아니면 염전을 팔지 않았대. 돈이 없는 마을 사람들에게 외상으로 염전을 넘겨주고 나중에 갚도록 배려를 해 주기도 했다지 뭐야. 돈 많은 사람에게 팔아서 큰돈을 만질 수 있는 기회였는데, 주민들에게 기회를 준 거지. 그래서 지금도 주민들은 명 할아버지를 칭송하고 있어.

그 아들 부부가 지금도 아버지가 일군 대동 염전에서 천일염을 생산하고 있어. 비금면 우산리를 소금 마을로 가꾸려고 애쓰면서 말이야. 한옥 펜션도 멋지게 지었다니, 나중에 엄마랑 함께 꼭 가 보자!

5 소금박물관

소금박물관은 태평 염전에서 운영하는 사설 박물관이야. 1953년부터 이곳에 있었던 석조 건물을 개조해 만들었어. 이 건물을 짓는 데 들어간 돌은 당시 염전에서 일하던 사람들이 옮기고, 다듬고, 쌓은 것이란다.

소금의 역사와 문화, 소금의 다양한 쓰임새, 소금의 과학적 이해까지 도울 수 있도록, 여러 가지를 두루두루 염두에 두고 만든 박물관이야. 우리나라에 하나밖에 없는 소금박물관이지. 이렇게 멋진 곳에서 아빠가 찍은 사진들로 소금 사진전을 열 수 있어서 아빠는 얼마나 기뻤는지 몰라.

5장 소금 지게에서는 이야기가 조글조글

별아, 아빠가 소금 장수가 나오는 옛이야기를 들려준다고 했지? 할머니도 아빠 어렸을 때는 소금 장수 이야기를 여러 개 들려주곤 했다고 말이야. 옛이야기에는 왜 그렇게 소금 장수가 자주 등장할까 궁금했는데, 옛이야기 들려주는 서정오 선생님이 이런 말씀을 하셨더라.

소금 장수는 한 곳에 머물러 있지 않고 온 세상을 떠돌아다닌다. 소금 짐을 지고 오늘은 이 마을, 내일은 저 동네로 소금을 파는 게 일이니까. 그렇게 방방곡곡을 돌아다니다 보면 별별 일을 다 겪게 될 텐데, 그 가운데는 믿기 어려울 만큼 신기한 일도 있지 않겠는가. 한곳에 붙박여 사는 사람들 눈으로 보면 떠돌이 소금 장수야말로 온갖 궂은일과 험한 일을 다 겪었음직하다.

아빠도 그럴 것 같아. 밤이 되었는데 미처 마을에 가 닿질 못하고 무덤가에서 잠을 청해야 하는 날도 많았을 테니, 그런 날이면 소금 장수는 산에 사는 산짐승이며 눈에 보이지 않는 온갖 소리들에 벌벌 떨기도 했을 거야. 그러니 무서운 이야기에는 소금 장수가 제격이겠지.

게다가 농사짓는 사람들이 보기에 장사 수완 있는 소금 장수의 말재주가 놀랍기도 했을 거야. 그러니 옛이야기에 단골로 등장했겠지.

또 양반이나 부자에게 천대받는 천한 처지이니, 핍박과 설움도 많았을 거야. 옛날에는 '사농공상士農工商'이라고 해서, 선비를 제일로 치고 농민이 그 뒤, 재주 있는 장인이 그 뒤, 물건을 파는 상인을 가장 아래 계급으로 생각했거든. 그런 생각을 하면 옛이야기에 소금 장수가 많이 나오는 건 당연하다 싶어.

아빠는 소금 장수 이야기 중에 〈말이 된 소금 장수〉 이야기가 가장 재미있었어. 경기도 과천에 전해지는 이야기란다.

말이 된 소금 장수

옛날에 소금 장수 내외가 살고 있었어. 남편이 소금을 팔러 갔는데, 이런, 산속에서 그만 날이 저물어 버린 거야.

헤매다가 겨우 불빛을 발견했는데, 웬 여인이 혼자 살고 있더래. 소금 장수는 간청했지. 제발 하룻밤만 쉬어 가게 해 달라고 말이야.

여인도 소금 장수가 딱했는지, 시래기죽에 밥까지 챙겨 주더래. 잠들기 전에는 떡까지 주네, 자다 배고프면 먹으라고.

늘어지게 잠을 자다 깨 보니 아닌 게 아니라 배가 고파. 그러니 어째, 떡을 먹을 밖에.

아, 그런데 이게 웬일이야! 떡을 먹자마자 소금 장수가 말로 변해 버렸어. 다음날이 되자 그 여인은 소금 장수를 장에 팔아 큰돈을 벌었지.

여인은 농부에게 말을 팔면서 그래.

"이 말에게는 절대로 무를 먹이지 마십시오. 그러면 죽고 말 것입니다."

농부는 꿈에도 모르지, 말이 소금 장수인 줄은.

말이 된 소금 장수는 농부가 밥을 먹는 사이에 고삐를 끊고 달아났어. 한참을 달렸더니 목이 말라. 뭐라도 없나, 하고 보니 저만치 무밭이 보여.

소금 장수는 생각했지. '그래, 차라리 죽자!' 그러고는 밭에 자라는 무를 질경질경 먹었더니, 죽기는커녕 다시 사람이 됐어.

소금 장수는 얼른 집으로 돌아갔어. 아내에게 이야기를 했더니, 부인이 그 집에 다시 가 보래. 가서 이번에도 떡을 주거들랑 먹지 말고 이불 속에 숨겨 두라고.

그 말을 듣고 소금 장수는 그 집을 다시 찾아갔지. 밤이 되니 또 떡을 줘. 소금 장수는 부인 말대로 했지.

아침이 되어 여인이 또 말을 내다 팔려고 나왔는데, 소금 장수가 그대로거든.

'이상하다. 어떻게 된 일이지?'

그러고는 부엌으로 가서 남은 떡을 먹어 봐. 그랬더니 이번에는 여인이 말로 변한 거야.

소금 장수는 이때다 싶어, 말로 변한 여인을 시장에 내다 팔아 부인과 잘 먹고 잘 살았대.

이런 것을 인과응보라고 해. 말로 변한 여인도 뭐, 밭에서 무 뽑아 먹고 다시 사람 됐을 테니까 걱정은 안 해도 돼. 그나저나 소금 장수는 부인 덕에 돈도 벌고, 못된 여인 곯려 주기까지 했으니 그 맛이 깨소금이었겠다!
 이번에는 소금 장수가 부자 된 이야기를 들려줄게. 여러 마을에 비슷한 이야기가 전해져 오고 있어.

소금 장수와 구렁이

 옛날 전라남도 신안 장산도에서 있었던 일이야. 소금 장수가 소금을 사러 장산도에 왔어. 소금을 2백 가마쯤 사서 영산포로 가는 길이었지.
 소금 장수는 영산포에서 소금을 팔아, 쌀을 사서 섬으로 돌아와 섬사람들에게 다시 파는 장사꾼이었어.
 이 소금 장수가 한참 노를 저어 가고 있는데, 저만치 반짝거리는 것이 배로 다가와. 어른 팔로 두 길이나 되는 구렁이였어. 구렁이는 소금 장수에게 애원을 했지.

"너무 힘들어 더 이상 헤엄을 칠 수가 없습니다. 저를 좀 구해 주십시오."

소금 장수는 깜짝 놀라, 배를 젓던 삿대를 엉겁결에 바다에 던지고 말았지. 그랬더니 구렁이가 삿대를 칭칭 감더니 고맙다고 절을 해. 이제야 겨우 쉬게 되었다고 말이야.

소금 장수가 겨우겨우 영산포에 도착했더니 비가 오기 시작해. 장맛비야. 비가 올 때는 소금을 빨리 팔지 않으면 안 돼. 급하게 됐지.

하룻밤 쉬고 다음날 배에 싣고 온 소금을 팔려고 하는데, 뱃머리에 큰 구렁이가 떡 버티고 있어. 바다에서 만난 그 구렁이더래.

소금 사러 왔던 상인들이 깜짝 놀라 모두 도망가 버려. 며칠이 지나도록 구렁이는 꼼짝도 안 해. 그러니 소금 장수는 환장할 노릇이지. 다른 소금 장수들은 소금을 모두 팔고 돌아갔으니까.

서울에서 소금을 사러 온 상인들도 배 한가득 소금을 싣고 떠날 준비를 해. 그동안 소금 값은 서른 배쯤 뛰었어. 처음 장산도에서 사 올 때보다 말이야.

소금 장수는 단단히 마음을 먹고 몽둥이를 들고 배로 달려갔어. 그러고는 배 위에 올라가 몽둥이를 치켜들었지. 아, 그런데 구렁이는 없고 굵은 밧줄만 배에 뒹굴고 있어.

그제야 뒤늦게 소금을 팔 수 있게 된 소금 장수는 돈을 아주 많이 벌었지. 큰 배도 사고 장사도 잘 해 큰 부자가 되었대.

은혜 갚은 구렁이 이야기 재미있니? 다른 사람에게 신세를 지면 누구나 고맙게 생각하고 기회가 오면 꼭 갚아야 해. 또 다른 사람이 어려움에 처했을 때는 꼭 도와줘야 하고. 구렁이도 은혜를 잊지 않고 갚는데, 하물며 사람으로 태어나서 도움을 받았다면 그 고마움을 더더욱 잊지 말아야지.

별아, 이번에는 소금 장수가 어렵게 결혼한 이야기를 들려줄게. 경상남도 진주시에 전하는 이야기란다.

소금 장수의 결혼

옛날에 노총각 소금 장수가 살았대. 소금 파느라 결혼도 못 하고 나이만 먹었지.

하루는 어떤 마을을 지나는데, 웬 처자가 물을 긷다 말고 소금 장수를

보더니 웃으면서 골목으로 도망을 가.

하도 이상해서 따라갔더니, 처자의 엄마가 소금 장수를 사위 대접하면서 극진하게 맞는 거야.

밤에 잠자리에 들려는데, 갑자기 처자가 소리를 질러. 소금 장수더러 남편이 아니라면서.

알고 보니 머리가 조금 모자란 처자는 결혼한 지 얼마 안 된 신랑 얼굴을 기억 못 해, 소금 장수를 남편이라 착각한 거야. 부모들도 사위를 한 번밖에 못 보았던 터라 딸의 말을 믿은 거고.

그제야 아버지는 딸의 실수를 사과하고 말 한 필과 돈을 주면서 소금 장수를 내보냈지.

소금 장수가 말을 타고 골목을 지나가는데, 이번에는 담장 너머에서 모르는 여자가 "왜 이제 오세요?" 하며 보따리를 던져. 그러고는 소금 장수 말 뒤에 타.

한참을 지나서야 여자는 소금 장수가 자기가 기다리던 남자가 아니란 걸 알았지. 여자는 부잣집 과부였는데, 어떤 남자와 몰래 도망가기로 약속했던 거였어.

여자가 소금 장수더러 보따리는 다 가지고 그저 몸만 보내 달래. 여인의 보따리에는 비단옷이며 사모관대까지 들어 있었지. 소금 장수는 보따리에 든 옷으로 갈아입고 다시 길을 가.

한참을 가니 "먼 길 얼마나 고생 많으셨습니까? 어서 가시지요." 하면서 누가 또 모시고 가. 가 보니 혼례 준비가 된 마당에서 사람들이 기다리고 있어.

막 결혼식을 올리려는데 진짜 신랑이 나타났어. 신부 아버지는 소금 장수에게 사과하면서, 혼기가 찬 조카딸과 인연을 맺어 줄 테니 용서하라고 해.
그렇게 소금 장수는 부잣집 조카사위가 되어 잘 먹고 잘 살았대.

별아, 거짓말 같은 이야기지? 덮어놓고 소금 장수를 자기들이 믿고 싶은 대로 믿어 버리는 사람들도 우습고, 시치미 뚝 떼고 행동하는 소금 장수도 웃겨. 이번에는 소금 장수 아들이 장가 간 이야기를 해 줄게.

소금 장수와 아들

옛날에 어떤 소금 장수 부부가 아들을 낳았어. 그런데 아들이 엄청 똑똑해. 서당에도 안 보냈는데 글을 줄줄 읽는 거야. 서당 아이들이 글 읽는 소리만 듣고 다 배웠지. 소금 장수는 탄식을 해.
"네가 뼈대 있는 집에 태어났으면 크게 될 놈인데, 소금 더미에서 썩는구나!"
소금 장수는 천민이니까 그래.
세월은 흘러 아이는 열다섯 살이 됐어. 사서삼경에 다 훤해. 소금 장수는 말했지.
"아들아, 네가 누구인지 숨기고 과거를 봐라. 아비 어미는 영영 잊어버리도록 해라!"
그렇게 아들을 집에서 내보냈어.
아들은 어찌어찌 과거도 보고 급제도 했지. 나라 일을 잘 해서 정승 눈에도 들었어. 정승이 소금 장수 아들을 사위 삼으려 해. 혼인할 날짜를 잡고 아들은 아버지에게 전갈을 보냈지.

소금 장수는 아들이 좋아하는 보리개떡을 함지 가득 담아 올라왔어. 그제야 사위 될 사람이 소금 장수 아들이라는 것을 알게 된 정승은 혼인을 취소하고, 소금 장수와 아들을 쫓아냈어.

정승의 딸은 소금 장수 아들과 혼인하기로 마음먹었던 터라 아버지를 설득하기로 해.

어느 날 딸은 간장, 된장, 고추장 같은 소금이 들어간 음식은 모두 빼고 상을 차려. 그러니 맛이 하나도 없지. 아버지가 딸을 불러.

"이 밥상이 어찌 이런 것이냐?"

그러자 딸이 대답해.

"아버님이 소금 장수를 업신여기시기에, 소금까지 싫어하시는 줄 알았습니다."

딸은 이야기를 계속했지.

"소금 장수를 천대하시면 누가 소금을 팔겠습니까? 소금 없이 백성들은 또 어찌 살고요? 백성들을 잘 살게 하는 게 양반이지, 양반이 어디 따로 있습니까?"

정승은 크게 깨닫고 소금 장수 아들을 사위로 맞았지.

별아, 정승의 딸이 참으로 현명하지 않니? 신분질서가 엄격한 사회에서 소금 장수 아들과 정승의 딸은 결국 그 차이를 극복하고 부부의 연을 맺었어. 사실 이 이야기는 사람은 모두 평등하다는 것을 일러 주는 이야기야. 소금 장수는 당시 사회에서 아주 지위가

낮은 사람이라고 했잖아. 양반과 상놈의 구별이 있던 시절이니 소금 장수가 양반집 딸과 혼인하는 일도 쉽지가 않았어. 상놈은 양반에게 시집이나 장가를 가는 것이 불가능했던 시절이니까. 그런데 이야기 속에서는 소금 장수가 양반집 딸하고 결혼을 해. 신분을 극복하고 평등하게 살고 싶어하는 백성들의 욕망이 담겨 있는 거야.

이번에는 세상을 바꾸려는 백성들의 뜻이 좀 더 강하게 담겨 있는 소금 장수 이야기를 들려줄게.

소금 장수 을불

옛날 우리나라가 고구려, 백제, 신라로 나누어져 있을 때 일이야. 고구려에는 힘센 부족이 다섯 있었는데, 이 다섯 부족 중에서 힘이 센 부족 출신이 왕이 되었지.

당시 왕들은 자리를 지키려고, 동생이나 숙부 같은 가족들도 죽였는데, 14대 봉상왕은 왕위에 오르자마자 전쟁에서 공을 세워 백성들의 존경을 받는 숙부를 가장 먼저 죽였어. 다음엔 동생도 죽였지. 동생에게는 아들이 있었는데, 이름이 을불이야.

몰래 궁궐을 나온 을불은 머슴살이를 시작해. 너무 힘들어 일 년 만에 도망나와서는 소금 장수가 됐지. 압록강변 염전에서 소금을 받아 배를 타고 강을 거슬러 올라가 소금을 팔았어.

하루는 어느 마을 여관집에서 소금 한 말을 주고 잠을 잤지. 소금을 좀 더 달라는 여관집 주인의 청을 거절했더니, 주인은 을불의 소금 가마니에 신발을 숨겨.

그러고는 을불이 도둑이라고 압록 태수에게 고발했지. 소금 가마니에서 신발이 나왔으니 어쩌겠어. 을불은 소금도 뺏기고 곤장까지 맞은 뒤에 풀려났어. 그때부터는 아주 거지처럼 살아.

그러는 동안 봉상왕은 사치스러운 생활로 백성들의 원성을 샀어. 보다 못한 신하들이 봉상왕을 내쫓고 을불을 왕으로 모셨대. 그분이 바로 고구려 땅을 넓히고 큰 발전을 이룬 미천왕이야.

미천왕!

가난하고 힘겹게 살아가는 백성들을 대신해 소금 장수가 해학을 통해 소원을 푸는 옛이야기도 있어.

귀신 말을 알아듣는 소금 장수

소금 장수가 소금을 팔다가 길에서 날이 저물었어. 갈 데도 없고 해서 공동묘지 무덤에 기대 잠이 들었지. 그날이 무덤 주인인 할머니의 제삿날이었던 모양이야.

"영감! 같이 제사에 가서 잡수고 안 올라요?" 하는 소리가 들려.

"나는 안 갈 테니 자네나 가서 잘 얻어먹고 오게." 그러더래.

얼마인가 시간이 지나 할머니가 돌아왔어.

"잘 먹고 왔소?"

할아버지가 물었더니, "밥을 먹으려고 보니까 밥그릇에는 바위가 들고,

국을 먹으려고 보니까 국그릇에는 무렁이가 들어 있지 않겠소? 속이 상해서 손자를 화롯불에 밀어 버리고 왔다오." 그래.

할아버지가 "아무리 그래도 귀한 손자한테 그러면 쓰나?" 지청구를 주었지.

그랬더니 할머니도 "하긴, 옹달샘의 이끼를 뜯어다가 붙이면 금방 나을 텐데, 애들이 그걸 알까 모르겠네." 하는 거야. 할머니도 손자가 걱정이 되었던 거지.

밤을 보낸 소금 장수는 그 집을 찾아갔어. 그 집에 가면 밥도 얻어먹고 소금도 팔 수 있겠다 싶었거든. 가 보니까 난리도 아니야. 귀한 아들이 화롯불에 데었으니까.

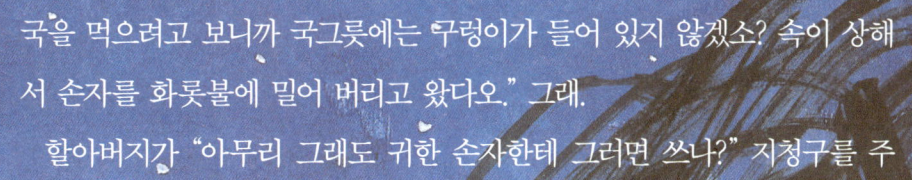

소금 장수가 그러지.

"거 옹달샘 이끼를 뜯어다 붙이면 말짱할 것이오!"

아니나 달라. 상처에 이끼를 붙이자마자 상처가 싹 나아 버려. 그리고 제사 밥에는 돌이 들어 있을 것이고, 국에는 머리카락이 들어 있을 것이라 이야기했지.

그 말을 들은 아이 부모는 다시 정성스럽게 제사를 올렸대.

별아, 돌아가신 조상을 위해 마련하는 음식은 정갈해야 해. 제삿날은 조상님의 은혜에 감사하고, 돌아가신 분을 떠올리는 소중한 날이지. 식구들이 오랜만에 한자리에 모이는 날이기도 하고. 그러니 이렇게 이야기를 통해서 사람들이 경계심을 갖도록 일러 준 거야. 그나저나 소금 장수가 귀신 말까지 알아들으니, 재주도 참 여러 가지구나.

지금까지 아빠가 들려준 소금 장수 이야기를 듣고 나니 소금 장수들이 한층 더 가깝게 느껴지지 않니? 자동차도, 기차도 없던 시절에 방방곡곡 다니면서 귀한 소금을 나눠 준 소금 장수들의 노고를 잊지 말자꾸나.

소금으로 도로를 만들어?

소금이라고 하면 먹는 소금만 생각할 텐데, 소금은 생각보다 굉장히 다양한 곳에 쓰여.

우리가 흔히 먹는 소금은 알갱이가 굵고 정확한 정육면체 모습을 하고 있는 좋은 소금이야. 비 온 뒤 처음으로 만들어진 소금을 깨끗하고 좋은 소금으로 여기지. 소금밭에서 거둔 지 하루를 넘기지 않은 소금이 쓴맛이 적고, 물이 잘 빠진 하얀 소금이 맛이 좋아.

보통 3월부터 10월 정도까지 생산한 소금은 사람들이 먹고, 10월 이후 늦가을에 생산된 소금은 도로 포장이나 건축용으로도 쓰인단다. 또 가축 사료로도 쓰이고, 소화제 같은 의약품을 만드는 데도 쓰여. 비누를 만들거나 유리를 만들 때, 종이를 만들거나 인조 섬유를 만드는 데도 쓰이지.

소금은 또 훌륭한 치약이기도 해. 아빠 어렸을 때는 이 닦을 때 치약 대신 소금을 썼거든. 굵은 소금을 가늘게 빻아서 칫솔에 묻히거나, 칫솔이 없으면 검지와 중지 두 손가락에 묻혀 닦았지. 감기에 걸리려고 할 때 소금으로 양치를 하면 감기 걱정도 뚝이란다.

소금은 씨앗 고를 때도 꼭 필요했어. 소금물은 가벼운 것을 물 위로 뜨게 해.

　이스라엘에 있는 사해에서는 사람도 물 위에 둥둥 뜰 정도라고 했잖아. 소금의 이런 성질을 이용해서 씨앗을 골랐단다. 소금물에 담가 보면 튼튼한 씨는 물에 가라앉고 부실한 쭉정이는 둥둥 떠. 그러면 가라앉은 튼튼한 씨만 골라 심는 거야. 볍씨도 그렇게 골랐어. 또 소금물에 담가 두면 소독이 되어 벌레를 막기도 한대.

　소금은 또 천연 습기 제거제 노릇도 해. 소금은 물을 아주 좋아하잖아. 물을 빨아들여 녹으려는 성질이 있지. 그래서 지금처럼 방습제가 없던 옛날에는 소금을 습기 제거제로 사용했어.

　경상남도 합천에 있는 해인사에 귀한 보물이 모셔져 있는 거, 별아도 알지? 그래, 바로 고려대장경이야. 팔만 개가 넘는 목판에 새겼다고 '팔만대장경'이라는 별명을 갖고 있는 귀한 보물이지. 몽고 침략으로 힘겨운 나라와 백성을 지켜 달라는 간절한 바람을 담아 한 자 한 자 정성을 다해 새긴 이 대장경을 새기는 판을 준비할 때도 소금이 큰 역할을 했어.

나무로 만든 대장경 판이 지금까지 망가지지 않은 것은 소금물에 삶은 나무를 썼기 때문이야. 지리산 산벚나무를 베어 섬진강을 따라 바다로 운반한 뒤 1, 2년 동안 바닷물에 담가 두었다가 다시 소금물에 삶아 습기를 빼고서야 글자를 새겼대. 대장경을 보관하는 곳에도 숯과 소금을 두어 습기가 많을 때는 빨아들이고 적을 때는 내보내 알맞은 온도와 습도를 유지했다는 거야. 우리 조상님들의 지혜는 참말로 놀랍지 뭐야!

요즘 들어 소금은 마음을 치료하는 일에도 한몫 하고 있어. 소금 동굴이나 소금 벽돌로 지은 집을 힐링 센터로 쓰는 거지. 아빠랑 같이 갔던 '장흥 물 축제' 기억하지? 그곳에는 편백나무 숲에 지은 소금 집이 있는데 인기가 대단해. 이런 곳에서는 숨 쉴 때마다 몸에 좋은 미네랄과 요오드가 저절로 흡수된대. 가만히 숨만 쉬어도 바다의 기운이 들어와 마음을 편안하게 해 준다는 거야.

그저 먹는 데만 쓰는 줄 알았던 소금의 역할이 참으로 다양하지?

6장 우리 소금의 역사

별아, 지난번 아빠랑 함께 태안 염전에 갔을 때 말이야. 소나무에서 한창 노란 꽃가루가 날릴 때였잖아. 송홧가루가 떨어지는 바로 그 무렵이 소금이 가장 잘 만들어지고, 또 가장 좋은 소금이 생산되는 때란다. 송홧가루가 소금밭에 노랗게 내려 앉아 천일염과 섞이는데, 이렇게 만들어진 소금은 송화소금이라고 한대.

그곳에서 만났던 사람들 모습이 어땠는지 기억나? 좋은 소금을 얻으려면 볕이 좋아야 하니까, 소금 일을 하는 사람들도 햇볕에서 일하는 시간이 많아. 그러니 얼굴이 새까맣게 그을렸지. 얼굴은 탔지만 표정은 아주 밝았잖아.

일이 엄청 힘들 텐데 어떻게 그럴 수 있었을까? 아빠 생각에는 소금 만드는 사람들이 우리 소금을 아끼고, 또 소금 만드는 일에 만족을 하기 때문인 것 같아. 예전보다 소금 값도 잘 받게 되었고 말이야. 그런 마음을 자긍심이라고 하는데, 천일염 만드는 사람들에게는 특히 그런 마음이 큰 것 같아.

예전에 소금 일을 하던 사람들은 절대 자식들에게는 그 일을 물려주지 않으려고 했어. 농사를 짓는 농부들도 그랬지. 자식에게만은 절대로 농사일을 물려주지 않겠다고 말이야. 그래서 지금 시골에는 온통 할아버지, 할머니밖에 안 남았는데 염전은 달라.

소금 값도 오르고, 소금 만드는 과정이 하나 둘 기계화되면서 힘도 덜 들게 돼, 떠났던 젊은이들이 돌아오기 시작했거든. 도시에 사는 소비자들이 비싸도 좋은 소금을 먹겠다고 마음을 바꾼 덕분이야. 요즘 염전에는 좋은 소금을 찾아 염전으로 직접 오는 사람들도 아주 많아졌단다.

별아, 아빠 친구 박성춘 삼촌도 그랬어. 젊었을 때는 고향이 싫어 무턱대고 집을 나갔다가 결국은 다시 고향으로 돌아와 소금을 만들고 있지. 고향 사람들이 '소금에 미친 사람'이라고 부른다던 바로 그 삼촌 말이야.

"채소 장사, 과일 장사를 하면서도 자꾸만 고향 염전 생각이 났어요. 고향에 있는 염전은 아버지가 어렵게 마련한 곳이고, 두 형님의 뼈가 묻혀 있는 곳이니까요. 아버지가 못 오게 해서 몰래 와서 염전을 둘러보고 가기도 했어요."

절대로 염전 일만은 하지 말라던 아버지도 결국은 박성춘 삼촌에게 지고 말았어. 지금은 고향에 돌아와 아주 즐겁게 일하고 있지. 그런데 그 삼촌 아들도 대학을 졸업하고 내려와 섬을 지키며 소금 장인의 길을 가고 있대. 반가운 일이지. 별아도 아빠처럼 섬과 어촌 공부하는 사람이 되면 어떨까? 물론 별아가 원할 때 말이지만.

나라에서 소금을 관리하다

옛날에는 말이야, "염한이 똥은 개도 안 먹는다"는 말이 있을 정도로 소금 만드는 사람들을 천하게 보기도 했단다. 소금 만드는 사람을 '염한이', 또는 '여맹이'라고도 불렀는데, 어찌나 일이 힘들었는지 소금 만드는 사람 똥은 개도 안 먹을 만큼 맛이 없었다는 소리야. 얼마나 힘든 일이었으면

그랬을까. 아무도 소금 만드는 일을 하지 않으려고 하니까 나라에서는 백성들 중에 소금을 생산할 사람을 뽑아서 일을 시켜야 할 정도였어.

그런데 별아, 소금이 없으면 사람이 못 살잖아. 그 옛날, 소금 만드는 일은 천한 일이라고 하면서 소금은 지금보다 훨씬 더 귀하게 여겼어. 그것 참 이상하지. 나라에서 직접 소금밭에서 일할 사람을 뽑은 것도 그 때문이야. 고려시대에는 소금만 담당하는 관리가 따로 있을 정도였어. 소금밭에서 만든 소금은 나라가 직접 팔거나 나라에서 허가를 내준 상인만 맡아서 팔 수 있었어. 이렇게 나라가 직접 관리하는 것을 '전매'라고 해. 옛날에는 술이나 담배 같은 것도 나라가 직접 맡아서 만들었지. 이렇게 나라가 지정한 전매 품목만 담당하는 기관을 '전매청'이라고 했어.

그러니 일반 백성들이 몰래 소금을 만들었다가는 큰일이 나는 거야. 백성들이 소금을 얻기 위해서는 옷을 짓는 베를 내야 했어. 옛날에는 시장에서 옷을 사 입었던 것이 아니라 집에서 직접 삼베나 비단을 짜서 옷을 만들어 입었거든. 삼베는 대마라는 풀로 만들고, 비단은 누에가 만든 고추에서 실을 뽑아 만들어. 옷을 만들어 입으려면 베가 꼭 필요했기 때문에 나라에 세금을 베로 냈던 거야. 베가 곧 돈이었지. 그러니까 돈 대신 베를 주고 소금을 산 거야.

고려시대가 끝나고 조선시대로 왕조가 바뀌었을 때도 소금에 대한 관심은 변함이 없었어. 특히 한 나라가 망하고 새 나라가 들어섰으니 돈도 엄청 필요했겠지. 소금은 나라를 다스릴 때 꼭 필요한 세금을 거둘 수 있게 해 주는 중요한 돈줄이었으니까.

새 나라가 들어섰는데 왜 돈이 필요한 거냐고? 요즘의 대통령 선거를 생각해 보면 쉽게 이해가 될 거야. 대통령이 되려는 사람은 자기를 뽑아 주면 이런저런 좋은 일을 하겠다고 약속해. 이것을 '공약'이라고 해. '내가 대통령이 되면 이런 일을 하겠습니다' 하고 국민들과 약속을 하는 것이지. 약속 덕분에 당선되고 나면, 반드시 그 약속을 지켜야 하지. 그런데 그러려면 돈이 필요해. 나라에 돈이 많을 때는 상관없는데 부족할 때는 세금을 더 걷거나, 돈을 새로 찍어 내서라도 필요한 돈을 만들어 내야 해.

조선을 세운 이성계는 소금을 더 많이 생산하는 정책을 선택했어. 백성들이 직접 소금을 만들어 나라에 팔 수 있도록 소금 정책을 바꾼 거야. 그렇게 하면 소금 생산량이 늘어날 거라고 생각했거든. 그 결과 놀랍게도 고려 때보다 소금 가마가 두 배나 늘어났대. 소금 만드는 사람에게는 세금을 부과했으니까, 세금도 두 배 이상 늘어났다는 소리야. 소금을 만들지 못하는 사람은 쌀과 베를 소금과 바꿨어. 이런 식으로 쌀도 얻고, 베도 갖고, 소금도 넉넉하게 마련해서 나라의 창고를 채워 나갔지.

소금을 둘러싼 권력 다툼

옛날에는 자연재해를 미리 알 수 있을 만큼 과학이 발전하지도 않았고, 대비책도 완벽하지 않아서 홍수나 태풍, 지진 때는 어려움을 겪는 백성들이 많았어. 이런 일이 생기면 많은 사람들이 굶어 죽어야 했지. 이때 백성들에게 꼭 필요한 것이 쌀과 소금이었어. 굶는 백성들에게 소금을 나눠 주다가, 나중에는 소금 대신 장, 된장 등을 주었대. 이것 역시 소금이 없으면 만들 수 없는 것이지.

지금도 가난한 사람에게는 국가에서 살아가는 데 필요한 최소한의 쌀이나 돈을 지원해. 아빠가 군인이었을 때도 며칠 동안 산길을 걸어야 하는 극기 훈련을 할 때면 꼭 비상식량과 소금을 함께 주었단다.

백성들이 어려울 때 나라가 도움이 되려면 평소에 돈을 잘 모아 두어야 하는 거야. 옛날에는 그렇게 나라가 모아 둔 것 가운데 가장 중요한 것이 소금과 쌀이었어.

고려시대와 조선시대에는 산림과 하천과 갯벌에서 나오는 이익은 백성들과 함께 나눠 가져야 한다는 생각을 가지고 있었대. 좀 어려운 말로는 '산림천택 여민공지山林川澤 與民共之'라고 해. 그러니까 갯벌에서 만들어지는 소금도 백성들과 함께 나눠 가져야 한다는 거지.

그런데 소금이 귀하고 돈이 되니까 권력을 가지고 있는 사람들이 욕심을 내기 시작했어. 처음에는 왕손이나 공주 같은 왕의 친척들이 왕궁을 운영하기 위해서, 또 관리들이 관아를 운영하기 위해서 염전에서 세금을 걷었어. 이것을 '절수'라고 해. 그땐 지금처럼 염전이 아니라 바닷물을 가마솥에 넣고 끓여서 물을 증발시켜 소금을 만들었잖아. 그래서 가마솥('염분'이라고 해)의 크기와 수에 따라 세금을 거두었대. 소금에 붙인 세금, 바로 '염세'였단다.

소금은 흉년이 들거나 전쟁이 일어났을 때 특히 더 중요해졌어. 그래서 조선시대에는 국가가 직접 돈을 내고 일할 사람을 선발해 소금을 생산하기도 했지. 수군이나 양민, 관청 노비들이 소금 만드는 일을 많이 했대. 이렇게 생산한 소금으로 국가에 필요한 비용을 마련하거나 쌀이나 베(옷감)를 사서 흉년에 어려운 백성들에게 나눠 주기도 했지.

그런데 어느 순간 이 세금을 걷어서는 자기 배를 채우는 사람들이 나타난 거야. 그러니 소금이 비싸지지. 돈이 되니까, 소금이 곧 힘이니까, 권세 있는 집안이나 관리들이 사사로이 소금을 만들기 시작해. 심지어는 절에서도 염전을 운영했다지 뭐야. 안 그래도 힘든 염한이들만 죽을 지경이었어.

조선 후기에도 소금을 파는 상인, '염상'들이 있었지만 구한말에 이르러 본격적으로 소금을 팔아서 장사를 하는 사람들이 생겨났어. 일제강점기부터 본격적으로 소금을 팔아 돈을 버는 부자들이 생겨났지.

일제강점기, 우리 소금의 역사

조선시대에는 개인들이 소금을 만들도록 허락했다고 하지만, 소금을 만들고 싶어도 내륙에 사는 사람들에겐 불가능한 일이었어. 갯벌이 있는 바닷가에 사는 사람들만 만들 수 있었지. 귀한 소금을 구할 수 있었던 대신 먹을 쌀이 적었어. 논농사를 지을 만큼 물이 풍부하지도 않았고, 땅이 넓지도 않았기 때문이야. 짠물은 잔뜩이었지만 벼를 바닷물로 키울 순 없었으니까. 그러니 쌀값이 비쌌지. 대신 물고기는 흔했어.

그래서 바닷가 사람들은 소금이나 물고기를 배에 싣고 강을 거슬러 올라가 팔고, 돌아올 때는 쌀과 보리 같은 곡식과 생필품을 실어 와 팔았던 거야. 이렇게 돈을 버는 상인들이 생겨났다고 했어.

인구가 늘면서 소금 소비량도 크게 늘었어. 바닷물을 가마솥에 넣고 물을 증발시켜 소금을 만드는 것으로는 감당하기 어려울 만큼. 그래서 청나라에서 몰래 소금을 들여와 백성들에게 파는 사람들이 생겨났어. 청나라 소금은 값이 쌌으니까. 소금을 생산할 때 비용은 조선의 자염이 가장 많이 들고, 그 다음은 일본 소금, 대만 소금, 청나라 소금 순이었어. 가난했던 우리 백성들은 값싼 청나라 소금을 몰래 사 쓸 수밖에 없었어. 우리나라에 아직 천일염전이 생겨나기 전의 일이야.

일제강점기 때도 소금은 많이 필요했어. 전쟁을 하려면 무기를 많이 만들어야 했는데, 무기를 만들려면 화학공업이 발달해야 했기 때문이야. 일본은 또 섬유공업도 발전시키려고 애썼어. 이런저런 이유로 소금이 많이 필요해진 일본은 만주국과 조선에서 소금을 대량으로 생산할 계획을 세우게 돼. 그래서 우리나라에 천일염전이 처음 만들어지게 되었지. 우리나라 천일염전은 일본의 식민 지배 정책으로 만들어진 거야.

전쟁 때야말로 쌀과 소금은 엄청나게 귀한 식량이야. 일반 백성뿐만 아니라 군인들에게도 총칼만큼이나 중요한 게 쌀과 소금이었지.

임진왜란 때 이순신 장군이 가장 먼저 준비하라고 한 것도 소금이야. 이순신 장군의 수군이 머물고 있던 곳은 논이 많고 갯벌이 발달한 곳이었어. 쌀과 소금을 쉽게 얻을 수 있는 곳이었지. 열두 척의 배로 왜군 배 수백 척을 침몰시킬 수 있었던 것도 다 쌀과 소금 덕분이었던 것 같아.

일제가 천일염전을 처음 만든 곳은 인천 주안이라고 했어. 그전까지는

6장 | 우리 소금의 역사　113

전라도, 경상도, 충청도 중심으로 우리 전통 소금인 자염이 발달했지. 그곳 바닷가에는 갯벌도 많고 소금 굽는 가마도 많았으니까.

그런데 일본은 주안에 천일염전을 만들면 조선의 전통 소금이 완전히 무너질 것이고, 그러면 일본 소금을 비싸게 팔 수 있을 거라는 계산을 한 거야. 인천이나 평안도의 천일염전에서 만든 소금을 팔아도 되고. 당시 소금은 모두 조선총독부에서 직접 생산해서 팔았거든. 고려시대나 조선시대처럼 관에서 직접 생산해 파는 거야.

예상대로 천일염전이 등장하면서 우리 전통 소금은 완전히 몰락해. 천일염전이 생산된 뒤에도 백성들은 조금씩 자염을 만들어 먹었지만 도저히 경쟁을 할 수가 없었어. 자염은 생산성도 낮았고.

그렇게 주안 염전에서 천일염을 만드는 데 성공한 일본은 다시 황해도에 대규모 염전을 만들어. 주안 염전보다 규모가 두 배 이상 되는 염전들이었지. 황해도 지역에 염전이 집중 개발되자 남한 지역에는 소금이 부족해지는 문제가 생겼어. 일제가 패망하고, 한국전쟁이 일어나 휴전선이 그어지면서 남한에 있는 천일염전만으로는 소금 수요를 채울 수가 없었거든. 남한에는 소래 염전, 군자 염전, 남동 염전 정도뿐이었으니까.

분단 이후 남한에는 당장 소금이 부족해져 소금 값이 열일곱 배나 올라. 소금이 부족해 굴비를 만들지 못할 정도였다니까. "소금 한 말이면 쌀이 한 말"이라는 말도 이때 나왔어. 그래서 국가뿐만 아니라 민간인들도 염전을 만들 수 있게 했지.

그럼, 아빠가 자주 가는 무안, 신안, 영광 같은 서남쪽 바다 염전은 언제 만들어졌느냐고? 대부분 전쟁 후 북에서 내려온 실향민들이 만든 거야. 신안 지역 섬에서는 강제로 사람들을 동원해 만들기도 했지. 경기도 어느 염전에서는 죄수를 동원해 염전을 만들기도 했어. 그만큼 만들기도 어렵고, 운영하기도 어려운 것이 염전이라는 증거야. 그렇게 국가가 나서서 염전을 확장시킨 결과 1950년대 중반이 되자 소금을 자급자족할 수 있게 됐어. 이때부터 개인들이 염전을 소유할 수 있게 됐지.

소금, 모자라도 걱정!
남아돌아도 걱정!

염전이 많아지니까 소금 값이 떨어지기 시작해. 갯벌을 막아 염전을 만들겠다고 돈을 많이 빌렸던 사람들은 염전을 완성시키지 못하고 실패하는 경우도 많았어. 소금이 부족해 천일염이 호황을 누리니까 너도나도 염전 일에 뛰어들면서 생긴 부작용이야. 특히 한국전쟁 이후 소금이 부족해지자 정부에서도 적극적으로 염전을 만들라고 독려한 게 문제였지.

결국 소금 한 가마니가 담배 한 갑이랑 값이 똑같아질 정도로 값이 떨어지고 말았어. 60킬로그램 소금 한 가마니면 한 가족이 십 년은 먹고 살 수 있는 양인데 담배 한 갑이랑 값이 똑같다니, 이건 말이 안 되는 거야.

결국 강제로 염전 문을 닫게 돼. 게다가 우리나라가 자동차, 전자제품 같은 걸 외국에 수출하려면 소금 시장을 개방할 수밖에 없어서 문제는 더 심각했지. 정부는 국내 염전을 절반으로 줄이고, 보상금을 지급하기로 해. 경기도와

소금 60kg   담배 한 갑

충청도 일대 염전들이 이때 많이 사라졌어. 일제가 만든 소래 염전, 군자 염전, 남동 염전도 이때 없어져. 어떤 염전은 골프장으로 바뀌기도 하고, 또 어떤 염전은 아파트 단지가 됐어.

전라남도 여러 섬의 염전들이 지금까지 남아 있을 수 있었던 것은 누구도 다른 목적으로 개발하려고 하지 않았기 때문이야. 그래서 지금 우리나라 천일염 대부분이 전라남도 신안군에서 생산되고 있는 거지.

문을 닫은 염전들은 소금을 생산하던 원래의 목적은 잃었지만 대신 문화재 역할을 해내고 있어. 문화재청에서 천일염전을 등록문화재로 지정했거든. 또 어떤 곳은 유네스코 생물권 보전 지역으로 지정되기도 했어.

최근에는 염전을 소금을 만드는 장소만 아니라 생태 관광, 자연재해 방지, 갯벌과 바다 보전, 지역 문화 보전, 전통 음식 보전 역할까지 하는 곳으로 높이 생각하고 있지. 소금과 염전이 가지고 있는 여러 기능이 새롭게 밝혀지고 있는 거야. 천일염과 염전은 우리에게 정말 소중한 보물이란다.

등록문화재 근대 문화유산 가운데 보존 가치가 큰 곳을 문화재로 지정해 관리하고 있어. 주로 개화기부터 한국전쟁 전후 기간에 만들어진 건축물이나 역사 유적, 문학 작품, 생활문화 자산 같은 것이 그 대상이야. 신안 증도면 태평 염전과 돌로 만든 소금 창고, 비금면 대동 염전이 등록문화재로 지정되어 있지.

유네스코 생물권 보존 지역 생물 다양성을 보전하고 지역사회 발전을 가져올 수 있는 특정 지역을 보호 지역으로 지정해 관리하는 거야. 우리나라에서는 광릉숲이나 제주의 쇠소깍 같은 곳이 대표적인 곳이지. 신안군 비금면과 도초면, 증도면의 갯벌과 일부 염전이 얼마 전에 보존 지역으로 선정되었단다.

 ## 갯벌천일염의 전설, 비금 염전

　일제강점기에 일본인 관리들이 만주국에서 기술자를 데려와 우리나라 천일염전을 만들었다고 했어. 그러나 그렇게 염전을 만들었다고 해도 일할 사람이 없으면 아무 소용이 없었을 거야. 일본인들은 우리나라 전국에서 사람들을 데려다 소금 만드는 일꾼으로 썼어.
　평양의 귀성 염전에서는 저 멀리 남쪽 바다 섬 지역에서까지 데려온 사람들로 채워졌단다.
　전라도에 있는 비금도라는 작은 섬에서도 사람이 왔는데, 그중에 박삼만이라는 분이 있었어. 비금도에서 태어나, 어렸을 때부터 동네 어른들이 바닷물을 끓여 소금을 만드는 것을 보면서 자란 분이었지. 글자는 몰랐지만 염전의 구조와

천일염 생산과정, 염전에서 쓰이는 도구까지 하나하나 마음에 새겼어.

광복 후 고향으로 돌아와서는 글을 아는 이에게 자기 말을 받아 적게 해 아는 것을 모두 기록으로 남겼대. 그러고는 손봉훈 등 여러분들과 함께 천일염전을 만들어 천일염 생산에 성공해. 그전까지는 햇볕은 약한데 강수량은 많아서 전라도 섬에서는 천일염을 생산할 수 없다고 생각하고 있었단다.

비금도에서 천일염 생산에 성공하자 신안의 다른 섬에서도 와서 보고 배워 갔어. 섬에 있는 초등학교를 '염부 양성 국민학교'로 지정할 정도였지. 자신감을 얻은 비금도 사람들은 좀 더 큰 규모로 염전을 만들었고, 그게 바로 지금까지 남아 있는 대동 염전이야.

그때는 섬사람들 모두 형편이 넉넉하지 않아, 보리개떡과 나물죽만 먹으면서 그 엄청난 규모의 염전을 일구어 냈대. 지게로 일일이 흙을 퍼날랐지. 그렇게 만들어진 천일염전의 생산량은 이전과는 비교도 안 될 만큼 엄청났어. 대동 염전은 섬사람들의 꿈과 미래를 담은 염전이었던 거야. 떡메산이라는 바위산에 올라가서 보면 이 대동 염전이 얼마나 아름답게 보이는지 몰라.

비금도에서 천일염이 성공했기 때문에 여러 섬 지역 중에서 지금까지 젊은 사람들이 남아 있을 수 있게 된 것 같아. 대동 염전은 지금도 세 마을 사람들이 함께 운영하고 있어.

비금도의 대동 염전은 등록문화재로 지정되어 있어. 의미 있는 근대 문화유산이라고 인정받은 거야. 염전에 깃든 삶의 숨결을 잊지 말자는 거지.

아주 특별한 염전들

1 실향민의 염원이 담긴 매화리 염전

 아이들이 조막손으로 고무래를 움켜쥐고 대패질을 해대니, 하얀 소금 알갱이들이 모여. 아이들은 자기가 모은 소금을 집어 입에 넣어 봐. 그 맛이야 당연히 짜지! 처음 해 보는 염전 체험이라 잔뜩 들떠 염전 해설사 선생님들의 설명은 뒷전이야. 소금 내는 철이면 이곳은 늘 이렇게 아이들로 북적여. 여기는 경기도 화성의 유일한 염전, 매화리 염전이란다. '소금꽃 피는 마을'로 알려진 곳이야.
 경기도 화성시 서신면 매화리에 있는 공생 염전은 1951년 강원도 철원·김화 지역에서 전쟁을 피해 내려온 피난민들이 함께 만든 염전이야. 지게와 수레만으로 흙과 돌을 날라 바다를 메웠대. 무려 십 년 동안이나! 변변한 기계도 없이, 오로지 사람의 힘만으로 갯벌을 막고 염전을 일군 과정 하나하나가 그대로 우리

현대사의 상징이 된 곳이란다.

　매화리 염전은 갯벌과 생태계 보전에도 중요한 역할을 하고 있어. 국제 보호종인 도요물떼새와 저어새 같은 철새들의 휴식 공간이 되어 주거든. 그런데 최근에 염전 가까이 하수 종말 처리장과 공장이 생기는 통에 위기를 맞고 있어.

2 우리나라 최초의 염전, 주안 염전

　우리나라 최초의 근대식 천일염전은 바로 주안 염전이야. 주안 염전을 '최초'라고 하는 건 처음으로 네모반듯하게 금을 그어 만든 염전이기 때문이야. 육지로 깊이 들어온 갯벌도 있고, 조수 간만의 차도 큰 데다, 낮 기온이 높아 바닷물 증발에도 좋은 조건을 가지고 있는 곳이었지.

　1912년부터 대규모 염전을 만들어, 한때는 우리나라 소금 생산량의 절반을 책임졌던 굉장한 곳이었어. 주안역 뒤로는 소금을 만들고 관리하는 사람들이 사는 목조 주택들도 줄줄이 들어섰지. 이곳 주택들은 1960년대 후반, 경인고속도로가 만들어지고 공단이 세워지면서 모두 사라졌어.

　지금의 주안 염전은 어떤 모습인지 궁금해서 인천까지 찾아갔는데, 옛날 흔적은 찾기 어려웠어. 염전이었던 곳에는 아파트, 공장, 도로, 대형마트 등이 들어서 있더구나. 그 동네에서 20년 넘게 근무했다는 경찰에게도 물어보고, 부동산에 가서도 물어봤는데 다 모른대. 포기할까 하던 참에 거짓말처럼 표지석을 찾았단다. 우리나라 최초 염전을 만들었던 장소를 표시한 작은 돌은 공장 담 안에 먼지가 잔뜩 묻은 채 굴러다니고 있었어.

> **한국 최초의 천일염전지**
> 나라에서 천일제염을 계획하고 주안에 1정보의 천일 시험 염전을 만든 것이 시초가 되어 1911년에는 99정보의 천일염전을 완성함으로써 이곳이 한국 최초의 천일염전지가 되었다.

이렇게 두었다가는 이 표지석도 언제 사라질지 모르겠어. 시험 염전을 만든 곳에 안내판이라도 만들어 세우면 좋겠어. 소금박물관을 만들면 더 좋겠고.

3 우리나라 최대의 염전, 소래 염전

소래 염전도 주안 염전처럼 일제강점기 때 염전으로 개발됐어. 갯골로 들어오는 바닷물로 소금을 만들었지. 여기서 만든 소금은 소래 포구를 통하거나, 경인선 협궤열차에 싣거나, 배로 인천항까지 옮겨져 일본으로 보내졌어. 소래 염전 소금은 먹는 소금뿐만 아니라 일제의 전쟁을 위한 화약 제조용 군수품으로도 쓰였단다. 슬픈 역사를 담고 있는 소래 염전은 1970년대까지는 전국 최대의 천일염 생산지였다가, 지금은 생태 공원으로 새롭게 태어났어.

해양 생태 전시관, 철새 관찰대, 소금 생산 체험 학습장, 갯벌 체험장이 있어서 볼 게 많아. 염전 문을 닫은 뒤로는 몰래 쓰레기를 버리는 곳으로 방치되어 있었는데, 사람들이 정성을 다해 청소하고 다듬어 멋진 공원이 됐단다.

다양한 염생 식물과 물고기, 양서류, 그리고 조류와 포유류가 찾아오고 있어. 특히 산림청에서 희귀식물로 지정한 모새달 군락지가 고르게 퍼져 있는 등 갯벌 생태를 잘 관찰할 수 있는 곳이란다.

7장

부엌에 있는
고마운 약, 소금

별아, 소금은 사람이 살아가는 데 꼭 필요한 음식이지만 그렇다고 너무 많이 먹으면 독이 돼. 할아버지처럼 필요한 것보다 적게 먹으면 또 병이 되고. 소금은 몸속에 병균이 들어오지 못하게 막기도 하고, 이미 들어온 나쁜 병균이 활동하지 못하게 하기도 해. 그럼 소금은 도대체 얼마나 먹어야 알맞은 걸까?

소금을 적게 먹어야 한다고 주장하는 의사들이 내세우는 기준은 현대의학을 앞서 이끌어 온 미국에서 만든 거야. 미국은 세계에서 암염을 가장 많이 생산하는 나라이기도 하지. 그러니까 미국 사람들은 우리처럼 천일염을 먹는 게 아니라 국민 대부분이 암염을 먹어.

그런데 천일염과 암염은 정말 큰 차이가 있다고 했어. 천일염에는 사람에게 좋은 미네랄이 15퍼센트가량 들어 있지만 암염은 거의 없거든. 할아버지는 연세가 많으셔서 이빨이 좋지 않아. 그러니 딱딱한 음식은 잘 못 드시고, 반찬을 골고루 먹기도 힘들지. 그렇게 몸에 꼭 필요한 미네랄을 충분히 드실 수 없으니 병이 날 수밖에 없었던 거야.

그래서 할아버지가 치료를 받고 퇴원하신 뒤부터는 아빠가 신안에서 가져온 소금을 드시게 하고 있어. 갯벌천일염이라서 미네랄이 아주 풍부하거든. 할아버지 같은 분에게 "소금은 몸에 좋지 않으니, 절대로 조금만 드십시오!" 하는 건 올바른 치료가 아닌 셈이야.

별아, 그러니까 아빠 생각에는 좋은 소금을 충분히 섭취하되 가공식품이 아니라 꼭 음식물을 통해서 먹는 게 중요할 것 같아. 소금을 얼마나 먹느냐보다는 어떤 소금을 먹느냐가 중요할 것 같거든. 그냥 소금을 먹는 것과 음식물과 함께 요리를 해서 먹는 것은 몸에 흡수되는 비율도 다르니까.

그냥 먹으면 독이 될 수도 있는 소금을 몸에 좋은 보약으로 만드는 비법은 우리 겨레에 오래전부터 전해 내려오고 있어. 할머니가 무척 잘 아시는 거지. 그 비밀은 바로 장에 있단다. 별아가 삼겹살 먹을 때 꼭 찾는 된장, 빨갛고 맛깔스런 고추장, 국 끓일 때 없으면 안 되는 간장 말이야. 김치도 마찬가지지. 이런 음식을 발효 음식이라고 해.

별아, 아빠 어렸을 때는 말이야. 지리산 밑에 있는 산골 마을에 살았거든. 찬바람이 불고 추워지기 시작하면 할머니는 쇠죽 쑤는 큰 가마솥을 깨끗하게 씻고 콩을 삶으셨어. 할아버지는 다 삶은 콩을 절구통에 넣고 찧으셨고. 할아버지가 콩을 다 찧으면 할머니와 증조할머니가 그걸 네모난 베개 크기로 만들어 마루에 놓고 말리는 거야. 그리고 며칠 지나면 이번에는 할아버지가 짚으로 잘 묶어서 안방 시렁에 대롱대롱 매달았지. 그게 바로 메주야! 그렇게 매달아 두고 며칠 지나면 정말 냄새가 지독했어.

그런데도 할머니는 "아휴, 메주 잘 뜨네! 냄새가 엄청 좋구나!" 하셨어. 그때쯤이면 메주에 곰팡이들이 잔뜩 생겨 있지.

겨우내 두었던 메주는 봄이 되면 장으로 변신했어. 항아리에 물을 붓고 소금을 듬뿍 넣은 뒤 메주를 담가 놔. 그 위에 숯과 솔잎, 붉은 고추를 올려놓고 장독에는 새끼줄을 감아. 나쁜 기운이 들어오지 말라고 금줄을 두르는 거야. 버선 본을 거꾸로 붙여 놓기도 했지. 삿된 기운을 막고 장 맛을 좋게 해 달라고 비는 마음을 그렇게 담았던 거야. 그렇게 한 달 반 정도 두면 까만 물이 생겨. 콩과 소금이 만나 만들어 낸 물이야. 그 물을 달이면 간장이 되고, 남아 있던 메주를 건져서 된장을 만들었지. 메주가루랑 찹쌀가루, 고춧가루를 골고루 섞으면 고추장이 됐어.

옛 속담에 "장 단 집은 가도 말 단 집은 가지 마라"는 말이 있어. 장은 오래 숙성을 하면 달지만, 말은 오래되면 그럴듯하게 꾸며서 오히려 좋지 않은 결과를 가져온다는 말이야. "말 많은 집에 장 맛은 쓰다" "말 단 집에 장이 곤다" 등의 말이 전해지고 있지. "장이 단 집은 복이 많다"고도 했고. 지금도 그렇지만 옛날에는 밥상에서 장이 차지하는 역할이 절대적이라고 할 수 있었어. 장을 담그는 일은 일 년 먹을 음식을 장만하는 것과 같았거든. 이렇게 중요한 장을 만들 때 좋은 소금을 쓰지 않으면 장 맛을 버리는 거야. 장 담글 소금을 준비하는 게 중요할 수밖에 없었지.

발효가 되지 않는 암염이나 정제염으로는 장을 담글 수 없어. 미네랄이 없는 소금이기 때문이야. 정제염은 99퍼센트가 염화나트륨이야. 미네랄은 겨우 1퍼센트가 될까 말까 하고. 천일염이 좋은 이유를 이제 알겠지?

좋은 음식이 곧 좋은 약

이렇게 만든 장은 우리 음식을 만드는 데 꼭 필요한 재료였어. 소금은 독을 중화시켜 보약으로 만드는 셈이었지. 우리 전통의 발효 식품이 약이 된다는 것은 몇 해 전 유행했던 신종플루 때도 확인한 바 있어. 김치를 많이 먹으면 신종플루를 이겨 낼 수 있다는 이야기가 있었지. 김치가 면역력을 높이는 데 그만큼 탁월한 효과가 있는 식품이라는 이야기였어. 게다가 천일염과 우리 콩으로 잘 만든 된장은 항암 효과까지 있다지 뭐야.

우리 조상들은 옛날부터 약과 식품은 같다고 생각해 왔어. 약을 쓰기 전에 먼저 음식으로 치료해 보는 거야. 《동의보감》 같은 의학서에 담긴 뜻도 그랬어. 주변에 널려 있는 좋은 풀을 나물로 해 먹거나, 차로 끓여 먹거나, 음식할 때 함께 넣어 먹으라고 알려 주었지. 돈이 없는 백성들이 스스로 자기 몸을 돌볼 수 있도록 말이야.

그런데 현대 의학에서는 약을 먼저 먹어 보고, 그러고도 치료가 되지 않으면 마지막으로 음식으로 치료해 보곤 하니 거꾸로 돼도 한참 거꾸로 인 셈이야.

몸이 건강하면 밖에서 바이러스가 쉽게 침입을 못 해. 반대로 피곤하고 기운 없으면 감기에 쉽게 걸리지. 소금으로 만든 우리 전통 발효 식품만 잘 먹어도 아빠는 우리 몸의 기본은 지킬 수 있다고 믿어.

별아, 오늘 저녁 밥상에 올라온 반찬을 한번 생각해 볼까? 먼저 밥이 있었지. 다음으로 황태국, 김치, 굴비 구이, 멸치조림, 오이, 새우젓 무침, 샐러드, 그리고 아빠가 섬에서 얻어 온 돌김이 있었어.

별아는 황태국과 김치, 오이를 조금 먹었어. 저녁 먹기 전에 옆집에 놀러 갔다가 과자랑 햄버거를 먹었다면서 아주 조금만 먹더라. 아빠는 새우젓 무침이랑, 굴비 구이, 그리고 돌김을 많이 먹었지. 엄마는 샐러드, 새우젓 무침, 돌김을 많이 먹었잖아.

그러면 아빠, 엄마, 별아 중 누가 소금을 더 많이 먹었을까? 당연히 아빠일 거라고? 먹은 양 도 많고, 짠 굴비랑 젓갈을 먹었으니까? 아니, 아 니야. 사실은 저녁을 조금 먹은 별아가 소금을 가 장 많이 먹었어.

왜 그럴까? 과자나 라면, 햄버거에는 소금이 아주 많이 들어 있거든. 게 다가 천일염도 아니고 암염이나 정제염이 잔뜩! 과자를 먹지 않는 엄마나 아빠보다 어린이들이 훨씬 더 소금을 많이 먹게 되는 건 바로 이런 까닭 이 있었어. 그것도 좋은 천일염이 아니라 나쁜 소금을 말이야. 요즘 들어 뚱뚱한 아이들이 많아지는 것도 나쁜 소금을 많이 먹어서란다.

그런데도 의사 선생님은 단순하게 소금이 비만의 원인이라고 해. 모든 소금을 공공의 적으로 만들어 버린 거야. 좋은 소금도 있는데 말이지. 찌개나 국, 젓갈처럼 소금이 많이 든 음식을 아버지나 할아버지는 날마다 먹고 살았지만 큰 문제가 없었어. 그런데 이제 겨우 열 살, 열한 살 어린이들이 비만에 걸리는 건 나쁜 소금을 많이 먹어서인 것 같아. 어떤 소금을 어떻게 먹느냐에 따라 비만이 결정된다고 생각해. 엄마가 해 준 음식을 잘 먹고, 운동도 잘 하고, 과자는 조금만 먹는다면 걱정 없어.

 우리 밥상 위의 소금을 좀 더 자세히 들여다보자꾸나. 별아, 조기가 어떻게 굴비가 되는지 아빠가 얘기해 준 거 기억나? 굴비는 조기를 잡아서 소금을 뿌리거나 소금물에 담갔다 말린 거야. 소금은 물을 좋아하니까 소금을 뿌리면 생선의 물기를 빨아들여 생선이 꼬들꼬들해져. 바닷바람에

말리니까 더 잘 마르지. 생선에 물이 없으면 세균도 살기 힘들어. 이런 걸 '염장법'이라고 하는데, 생선을 오래 두고 먹기에 좋은 방법이야.

엄마 고향인 영광에 갔다 올 때 법성포에 들렀잖아. 그때 별아는 바닷가에 빨래처럼 잔뜩 내걸린 생선을 보고 엄청 웃었지? 법성포 앞바다를 칠산바다라고 해. 일곱 개의 작은 섬이 있는 바다라고 해서 붙여진 이름이야. 바다 속에 모래와 갯벌이 적당히 섞여 있어 조기들이 알을 낳기 좋아. 또 작은 새우들이 많아 먹이도 풍부해 조기들이 봄이 되면 알을 낳기 위해 많이 찾아와. 알밴 조기를 잔뜩 잡아다 굴비를 만들어 팔았지. 법성포 근처 염산과 백수 지역에 큰 염전이 있기 때문에 소금을 구하기도 어렵지 않았어. 지금도 법성포에는 굴비 가게가 수백 곳이야. 아빠도 명절이면 법성포 굴비를 사서 선물하곤 해.

새우젓은 또 어떻게 만들까? 새우도 봄에 많이 잡혀. 오월이나 유월에 잡힌 새우가 특히 통통하고 부드럽지. 새우는 잡는 즉시 소금과 반반씩 섞어서 통에 담아. 신선할 때 바로 소금으로 염장을 하는 거야. 새우는 조기와 달리 쉽게 변하고, 오래 두고 먹어야 하기 때문이지. 땅을 파서 토굴을 만들고 그 속에서 젓갈을 숙성시키기도 했어. 임자도나 광천에는 새우를 숙성시키는 토굴이 유명해. 새우젓은 그냥도 먹고, 국을 끓이거나 조미료로도 많이 써. 김치 담글 때도 넣지. 새우 말고도 밴댕이, 갈치, 황석어, 멸치도 젓갈로 먹어. 외삼촌이 정말 좋아하는 젓갈이지. 냉장고가 없던 시절에 생선을 오래 먹을 수 있는 좋은 방법이었지.

그렇다면 소금이 귀한 동해안에서는 어떻게 했을까? 지금은 잘 잡히지 않지만 옛날 동해안에서 가장 많이 잡혔던 물고기는 명태와 청어야. 명태는 차가운 바닷물에 살거든. 그래서 동해안 북쪽에서 많이 잡혔어. 냉동

7장 | 부엌에 있는 고마운 약, 소금   131

시설이 없던 옛날에는 명태를 잔뜩 잡으면 모두 바닷가에 널어 말렸어. 줄에 내걸린 명태는 얼었다 녹았다, 녹았다 다시 얼었다 하면서 꼬들꼬들 말라 갔어. 추운 바람과 눈에 얼고 녹기를 반복하면 장작처럼 딱딱하게 마르지. 그게 황태야. 어른들이 술을 먹고 난 다음날 시원하게 끓여 먹는 황태국은 정말 최고야! 추운 겨울철에 잡아 말렸기 때문에 소금을 뿌리지 않아도 생선이 상하지 않았어.

또 청어로 만든 과메기도 비슷해. 과메기는 동해안의 남쪽 끝 포항 구룡포 일대에서 많이 잡혔는데, 기름기가 많은 생선이야. 기름이 많은 생선을 햇볕에 말리면 기름이 빠지면서 오래 두고 먹을 수 있게 돼. 지금은 청어가 많이 잡히지 않아서 꽁치로 과메기를 만든대. 겨울철, 식량이 부족할 때 훌륭한 음식이었다는구나.

우리 집 보약은 소금

아빠가 아무리 좋은 소금을 먹자고 해도, 엄마가 그 소금으로 음식을 해 주지 않으면 아무 소용이 없을 거야. 별아, 엄마는 토판염을 가장 좋아해. 박성춘 삼촌 염전에서 만든 바로 그 소금이지. 토판염은 염전에 바닥재를 깔지 않고 갯벌 그대로를 다져서 거기에 바닷물을 가두어 증발시켜 소금을 얻는 방식이라고 했어.

40년 전만 해도 우리나라 대부분의 염전이 토판염이었대. 바닥재를 깔지 않으니 물이 땅으로 스며드는 양이 많아, 소금을 많이 얻을 수 없어. 그러니 값이 아주 비싸. 박성춘 삼촌이 보낸 소금 한 상자가 무려 40만 원이 래. 선물로 받기는 했지만 사실, 보통 사람들이 무시로 먹기는 힘들지.

세계에서 최고 소금이라고 손꼽히는 프랑스의 게랑드 소금도 갯벌에서 직접 소금을 걷는다더구나. 세계 최고의 요리사들이 바로 그 소금을 쓴다는 거야. 그 소금으로 요리를 하면 맛이 다르다는 거지. 아빠 생각에는 우리 토판염이 게랑드 소금보다 더 나은 것 같아. 게랑드 소금으로 요리한 음식을 먹어 본 적은 없지만 말이야.

아무튼 토판염으로 요리를 하는 별아 엄마는 세계 최고 요리사와 같은 수준인 셈이야. 그래서 엄마 음식이 맛있는 걸까? 우리 식구는 아빠가 소금 만드는 친구를 둔 덕분에 세계 최고 소금으로 만든 음식을 먹을 수 있는 거야. 그러니까 별아는 아빠한테 고마워해야 해, 흠흠.

별아, 우리 몸의 70퍼센트는 물로 되어 있어. 우리 몸속의 물을 체액이라고 하는데, 이 체액은 짠맛이 난대. 바로 소금 성분 때문이야. 체액에 소금이 없다면 사람은 아무것도 할 수 없어. 피 속에 소금이 부족하면 우리 몸 구석구석 산소와 영양분을 보낼 수 없게 되고, 또 피 속에 소금이 너무 많아지면 혈관이 팽창해. 그게 고혈압이야. 소금과 우리 몸은 정말로 밀접한 관계가 있는 셈이지.

옛날 사람들이 서로 소금을 차지하려고 전쟁을 했다면, 요즘은 소금을 달라고 하는 우리 몸과 소금이 서로 전쟁을 벌이고 있어. 고혈압, 뇌졸중, 치매, 심장마비, 신장병 같은 병은 나쁜 소금을 많이 먹으면서 생겨난 현대병이니까. 무작정 하는 소금 다이어트보다는 나쁜 소금을 우리 생활에서 몰아내는 노력부터 하면 좋겠다고 아빠는 얘기했어. 가공식품 속에 든 소금의 양과 질에 대한 통제가 절실해.

의사들은 지난 수십 년 동안 지방과 설탕을 건강의 적이라고 주장해 왔는데, 앞으로는 소금에 더 주목할 거래. 그러니 우리 갯벌천일염의 가치는 더 높아지겠지.

우리 의학서 《동의보감》에는 소금을 "약으로 쓸 수 있는 돌"이라고 써 놓았어. "성질이 따뜻하고, 맛은 짜며, 독이 없다."고도 했어. 상처가 난 곳에는 소금 끓인 물을 씻으면 독이 없어진다고 적혀 있지. 아빠도 어렸을 때 상처가 나면 할머니가 소금물을 발라 주거나 된장을 발랐어. 지금이야 좋은 약이 많으니 상상도 할 수 없는 일이지만.

아빠가 새만금 갯벌에서 만났던 친구는 아이가 아토피가 심해 갯벌로 이사를 왔대. 그런데 놀랍게도 갯벌에서 놀면서 아토피가 싹 없어졌다지 뭐야. 더 놀라운 것은 서울에 있는 친척집에 며칠만 있으면 다시 생긴다는 사실이었어. 가만 생각해 보니 갯벌에 포함된 소금이 약이 되어 치료를 한 거였어. 도시는 마시는 공기도 나쁘지만 잠자는 집, 먹는 음식 모두 건강을 위협하는 것뿐이야. 얼마 전에 또 만났는데 새만금 갯벌이 사라지면서 아이 건강이 나빠지지 않을까 걱정하더라고.

또 《향약집성방》이라는 책에는 소금이 "맛은 짜고, 따뜻하며, 독이 없다. (…) 가슴의 가래 덩어리를 토하게 하고, 아픈 통증을 그치게 하며, 살과 뼈를 강하게 한다."고 했어. "묵은 음식물을 소화시키며, 오장육부를 조화롭게 하니, 오미 중에 짠맛이 으뜸"이라고도 했지.

터무니없는 소리 같다고? 피부나 얼굴에 상처를 입었을 때 바르는 소독약의 주요한 성분이 바로 소금인걸! 옛날 사람들은 상처가 나거나 정신을 잃으면 소금물을 마시게 했다니, 소금의 치료 기능을 허투루 볼 일이 아닌 것 같아.

아빠가 겨울철에 몸이 떨리고 감기 기운이 있거나 목이 아플 때면 아침에 소금물로 목과 코를 헹구던 거 봤지? 몸살 기운이 있고 목이 아프면 죽염을 먹고 양치를 했잖아. 그러면 감기가 오려다가 도망갔지. 소금은 염증을 없애는 힘도 있거든. 더 정확하게는 바이러스가 살 수 없는 환경을 만드는 거야. 바이러스는 습한 곳을 좋아하는데, 소금이 습기를 없애 버리니까.

피가 날 때 소금물이나 소금을 바르면 멈추기도 해. 이런 것을 지혈 작용이라고 하는데, 피를 토할 때 소금물을 약하게 타서 마시게 하면 낫는 것도 그 때문이지. 의사들이 생리식염수를 주사하는 것도 같은 원리야. 아빠 어렸을 때는 모기에 물리거나 벌에 쏘였을 때도 할머니가 소금물을 발라 주셨어. 또 뱀에 물렸을 때는 하수오라는 식물을 소금에 절여 붙이면 된다는 민간 처방도 있었어.

검지와 중지 두 손가락에 소금을 묻혀 이빨을 문질렀던 것도 다 근거가 있는 거였어. 《본초강목》이라는 책에는 "소금은 치아를 튼튼하게 한다"고 적혀 있단다. 이렇게 옛날 선조들은 소금이나 소금물로 해독과 살균을 했어.

가난하고 배고픈 사람은 소금과 장이 보약

《조선왕조실록》에 보면 가뭄이 오래 계속될 때 임금님이 소금과 콩, 쌀을 백성들에게 내렸다는 기록이 나와. 가끔은 장이나 미역, 옷감 같은 것

을 주기도 했는데 역시 가장 중요한 건 소금이었어. 소금만 있으면 콩으로 장을 담그고, 반찬을 만들어 먹고, 요리를 할 수 있으니까. 게다가 몸 아픈 데 약으로도 쓸 수 있고. 경기도에 기근이 들었을 때는 경기만, 강화도와 교동도, 인천에서 생산한 소금을 묵은 콩과 함께 나눠 주었다는 기록도 있고, 전라도에 엄청난 기근이 왔을 때는 소금과 간장을 내렸다는 기록이 있어.

세종대왕 때는 겨울에 굶주리는 백성들이 많아지자 남녀 어른에게 하루 쌀 4합, 콩 3합, 장 1합을 지급했다는구나. 병자들에게는 쌀과 소금과 장을 주고, 일흔이 넘었는데 자식 없이 남의 집에 얹혀사는 사람에게는 반 년 동안 먹을 쌀, 소금, 장, 옷을 내렸대. 소금이 많이 부족한 제주 지역에 기근이 왔을 때는 배로 육지의 소금을 실어 보냈지. 기근 때는 각 마을에서도 소금을 굽게 하고, 그러고도 소금이 부족하면 해군들에게까지 소금을 굽게 했어. 바닷가 식물도 많이 해 두라고 하고.

이순신 장군이 쓴 《난중일기》에도 "기근이 심해 선군船軍의 세금을 감하고 소금을 굽게 했다."는 대목이 있어. 소금을 미리 준비해 두면 재난 시에 백성을 살필 수 있고, 여차하면 소금을 군량미와 바꿀 수도 있기 때문에 소금을 넉넉하게 준비하는 것은 해군에게도 아주 중요한 일이었어.

태풍이나 가뭄으로 흉작이 들고 기근이 오면 백성들은 채소를 장과 버무려 먹고, 해조류는 쌀과 섞어 먹었어. 제주에서는 톳과 쌀을 섞어 지은 '톳밥'을 만들어 먹었고, 남해에서는 굴이나 홍합을 넣어 밥을 해 먹었지. 요즘에는 그런 밥이 건강식이라고 떠받들지만 옛날에는 넘기 힘든 보릿고개를 넘을 때 밥의 양을 늘리려는 지혜였단다. 지리산 산골에서 살았던 나도 무밥이나 고구마밥을 얼마나 많이 먹었는지 몰라. 쌀에다 무나 고구마를 섞어 밥을 지으면 쌀을 조금 쓰고도 양이 많아졌으니까.

이렇게 우리 민족은 채식 중심으로 밥상을 꾸려 왔어. 콩은 "밭에서 나는 고기"라고 할 정도로 단백질이 풍부하기 때문에 영향학적으로도 균형 잡힌 식사가 가능했지. 콩과 잡곡을 섞어 밥을 해 먹고, 콩을 갈아 두부를 만들어 먹었기 때문에 고기를 먹지 않아도 단백질을 충분히 섭취할 수 있었던 거야. 뿐만 아니라 간장, 된장, 청국장 같은 각종 발효 식품을 만들어 먹었기 때문에 좋은 영양소를 골고루 먹을 수 있었지.

별아, 콩이 콩나물이 되는 순간 콩에는 없던 영양소 비타민 C가 만들어지는 거 알고 있니? 조상님들은 어떻게 그런 것까지 다 알았는지, 콩으로도 먹고 나물로도 먹고, 발효시켜서도 먹었던 그 지혜가 그저 놀라울 뿐이야. 먹을 게 모자랄 때 콩과 장을 내려 백성들을 구했던 나라의 정책도 참 지혜로운 방도였던 것 같아.

나라에서 백성들을 위해 내놓은 구황 대책은 또 있어. 기근 때는 도라지가루 한 수저와 여러 채소 한 줌, 그리고 장과 소금을 각 한 수저씩 섞어 끓여 먹으라고 권했지. 이런 때를 대비해 평소에 미리 장을 담그라고도 했어. 소금은 아무 때나 쉽게 구하기 힘든 식품이잖아. 그러니 구할 수 있을 때 많이 구해서 콩과 함께 장을 담가 두면 구황에 대비할 수 있을 거라는 생각이었어. 조선시대 구황에는 소금과 장만 한 것이 없었단다. 바닷가 여러 고을에서는 소금을 굽고, 산골에서는 도토리를 많이 따도록 했어. 도토리도 훌륭한 구황 식품이었거든.

그러니 우리에게 소금과 장은 그저 단순한 음식이 아닌 거야. 장 맛이 변하면 음식 맛뿐 아니라 인심까지 변한다고 믿었던 까닭도 여기에 있지. 그만큼 장을 중요하게 생각했다는 뜻이거든.

 장을 담글 때도 부정한 날은 피하고 손이 없는 특별한 날을 골랐어. 장 담을 날을 정하면 몸과 마음을 깨끗이 하고 경건하게 준비를 했지. 그런 소중한 간장과 된장이니 좋은 소금을 준비하는 것이 무엇보다 중요했어. 그해 갓 만든 소금이 아니라 '3년 묵은 소금'을 준비해 두고, 장을 담글 때 입에 끈을 물고는 한마디도 하지 않고 정성으로 담갔어.

 별아, 우리 소금은 그렇게 특별하고도 귀한 약이었어. 전쟁이나 기근 때는 물론이고 일상생활에서도 훌륭한 의약품 역할을 했다는 것, 기억해 주렴!

부록

소금에 관한 여러 가지 속담

게 등에 소금 치기
게 등껍질은 딱딱한 갑옷처럼 생겨서 소금을 아무리 뿌려도 간이 배지 않아. 그러니 소금만 아까울 뿐이지. 아무리 해도 쓸데없는 짓을 이를 때 하는 말이야. 게에 간이 잘 배게 하려면 간장을 붓거나 게를 뒤집어서 소금을 뿌려야 해. 처음의 잘못된 생각을 바꾸지 않으면 해결책이 없다는 뜻도 된단다.

밀가루 장사하면 바람이 불고, 소금 장사하면 비가 온다.
운이 없으면 안 좋은 일만 계속 생긴다는 말이야. 밀가루는 바람에 잘 날리고, 소금은 비에 잘 녹아. 그런데 하필이면 밀가루를 팔러 가는 날에는 바람이 불고, 소금 팔러 가는 날에는 비가 오는 거야. 하는 일마다 안 좋은 일이 생길 때 쓰는 말이야.

부뚜막의 소금도 집어넣어야 짜다.
아무리 좋은 조건을 가지고 있어도 노력하지 않으면 쓸모없다는 뜻이야. 머리가 좋아도 노력하지 않으면 제대로 재능을 발휘하지 못해.

살을 에고 소금 치는 소리
'살을 에다'는 건 살을 칼로 도려내는 것을 말해. 얼마나 아프겠어? 그런데 상처에다 소금을 뿌리면 그 쓰라림은 말로 표현할 수 없을 거야. 그만큼 쓰라리고 아픈 말이라는 뜻이겠지. 하지만 이런 쓴 충고는 애정을 갖고 있지 않으면 해 주기 어려워. 좋은 말로 칭찬하는 사람보다 '살을 에고 소금 치는 소리'를 하는 친구가 진정한 친구야. 당장은 아프겠지만 큰 도움이 되는 친구니까.

소금 먹은 놈이 물을 켠다.
원인이 있으면 반드시 결과가 있다는 뜻이야. 소금을 훔쳐 먹었으니 물을 찾을 수밖에 없지. 도둑이 제 발 저린다는 속담과도 비슷해.

소금도 곰팡 난다.
어떤 일이든 절대로 탈이 생기지 않는다고 단언할 수 없으니 조심하라는 말이야. 소금은 부패를 막는 성질이 있으니 곰팡이가 날 리가 없지만 혹시 모르는 일이지. 아는 길도 물어 가라, 돌다리도 두들겨 보고 가라, 간장이 시고 소금이 곰팡 난다 같은 속담과 같은 뜻이야.

소금 먹던 게 장을 먹으면 조갈병이 든다.
조갈병은 목이 몹시 마른 걸 말해. 거친 소금만 먹던 게가 좀 덜 짜고 부드러운 장을 자꾸 먹다 보면 목마름병에 걸릴 수 있다는 거야. 송충이는 솔잎을 먹어야 한다는 말과 통해. 없이 살던 사람이 일시적으로 얻은 돈, 명예, 권력, 출세에 빠져 평상심을 잃으면 안 되니 조심하라는 뜻이야.

소금 먹은 소 우물 들여다보듯 한다.
소가 짠 소금을 먹었으니 얼마나 물이 먹고 싶겠어? 큰 눈을 껌벅껌벅하며 우물을 들여다보지만 물이 저 혼자 두레박을 타고 올라올 리 없지. 아무리 해 봐도 방도가 없어. 몹시 애타게 가지고 싶어하지만 가질 수 없는 안타까운 상태야.

소금에 아니 전 놈이 장에 절까.
장은 소금물에 담근 메주에서 우러난 것이니 소금보다 짤 리가 없어. 장보다 소금이 더 짜니까 당연히, 소금에 안 절여진 건 장에도 안 절여질 밖에. 아주 큰 시련을 이겨 낸 사람이 그보다 작은 어려움을 견디지 못하겠느냐는 뜻이야.

소금으로 장을 담근다 해도 곧이듣지 않는다.
평소에 거짓말 잘 하는 사람의 말은 도무지 믿을 수 없다는 뜻이야. 콩으로 메주를 쑨다고 해도 못 믿겠다는 속담과 같은 말이야. 콩으로 메주를 쑨 뒤 발효를 시켜 소금물에 담가 만드는 것이 장이야. 소금으로 장을 담그는 당연한 사실을 이야기해도 믿지 못할 만큼 거짓말을 자주 하는 사람의 말이라는 소리지.

소금이 쉴 때까지 해 보자.
끝까지 해 보자는 말이야. 소금은 음식물이나 생선이 부패하는 걸 막아 준다고 했잖아. 그러니 소금이 상하거나 쉬는 일은 좀처럼 없는 일이야. 절대 일어날 수 없는 일이지. 그러니 반드시 해내겠다는 결심인 거야.

소금 섬을 물로 끌라고 해도 끈다.
소금이 담긴 섬을 물로 끌면 소금이 물에 녹아 없어져 버릴 거야. 조금만 생각해 보면 당연히 따르면 안 되는 말인데도, 아무 생각 없이 남이 시키니까 한다는 뜻이야. 무슨 일이든 시키는 대로 하는 어리석은 사람을 일컫는 말이지.

소금도 없이 간 내먹다.
준비나 밑천도 없이 큰 이득을 보려는 경우를 비꼬는 말이야. 매우 인색한 사람을 비꼬는 말이기도 하고. 간을 맞추려면 소금이 꼭 필요해. 그런데 소금도 없이 간을 맞추려 든대. 준비는 하나도 않고, 원하는 걸 얻으려는 욕심만 커. 노력도 않고 좋은 결과만 바라는 거지. 산 정상에 오르려면 밑에서부터 한 걸음 한 걸음 올라야 해. 그런 노력 없이는 꼭대기에 이를 수 없단다.

소금 먹은 푸성귀
기가 죽어 후줄근한 사람을 일컫는 말이야. 채소에 소금을 뿌리면 숨이 죽어. 배추나 푸성귀 속 수분을 소금이 빼앗기 때문이지. 수분 대신 염분이 배추에 스며들어. 배추에 수분이 가득할 때는 싱싱하지만 물이 빠져나가면 풀이 죽게 돼. 그런 모양새를 두고 하는 말이지.

쥐 소금 먹듯
아주 조금씩 먹는 모양을 두고 하는 말이야. '쥐가 하룻밤에 소금 한 섬을 나른다'는 속담도 있어. 쥐가 조금씩 나르는 것 같지만 하룻밤 전체로 보면 소금 한 섬을 다 나른다는 말이지. 얼핏 하찮아 보여도 그 피해가 크다는 뜻이기도 하고, 조금씩이라도 꾸준히 하면 목표에 이를 수 있다는 말이기도 해.

파물 모는 지나가는 소금 장수도 거든다.
늦모내기 때는 하루만 늦어져도 낭패기 때문에, 농사에 큰 상관이 없는 지나가는 소금 장수도 모내기를 거들어 줘야 될 만큼 바쁘다는 뜻이야. 모내기를 제때 못 하면 벼 수확을 기대하기 어렵거든. 모내기 시기를 놓친 파물 모는 오전에 심는 것과 오후에 심는 것이 다르대. 그러니 지나가는 소금 장수 손이라도 빌려야 할 판이야.

평양 감사보다 소금 장수
평양은 산물이 풍족하고 중국과도 가까워 귀한 물건을 쉽게 볼 수 있는 곳이었어. 아름다운 여인이 많기로도 유명했어. 게다가 한양에서 멀리 떨어져 있어 관리라도 비교적 자유로웠지. 그런 평양 감사보다 소금 장수가 더 낫대. 소금이 얼마나 귀했으면 그랬을까!

참고 문헌

고광민 외, 《조선 시대 소금 생산 방식》, 신서원, 2006.
고린 고바야시 지음, 고두갑·김형모 옮김, 《게랑드의 소금 이야기》, 시그마프레스, 2008.
국립문화재연구소, 《한국의 무형 문화 자원, 천일염》, 2013.
국립민속박물관, 《소금꽃이 핀다》, 2011.
김의환, 《조선 후기 염업의 발전과 염업 정책》, 충북대 박사 논문, 2004.
김재완, 〈조선 후기 염의 생산 유통에 관한 연구-한강 유역을 중심으로〉, 서울대 석사 논문, 1992.
김준, 〈소금과 국가 그리고 어민〉, 《도서 문화》 제20집, 목포대 도서문화연구소, 2002.
김준, 〈소금의 생산과 민속〉, 《소금꽃이 핀다》, 국립민속박물관, 2011.
김준, 〈시장 개방과 서남해안 천일염전 생산 구조의 변화〉, 《농촌 사회》 제11집 제2호, 한국농촌사회학회, 2001.
김준, 〈천일염 식품화에 따른 염전의 문화적 가치 제고와 천일염 명품화 전략〉, 리전인포 121호, 전남발전연구원, 2008.
김준, 《김준의 갯벌 이야기》, 이후, 2009.
김준, 《바다 맛 기행》, 자연과생태, 2013.
김준, 《섬문화 답사기(신안 편)》, 서책, 2012.
김호종, 〈조선 후기 어염업에 대한 지배층의 지배 양상〉, 《대구 사학》 28, 대구사학회, 1985.
김호종, 《조선 후기 염업사 연구》, 경북대 박사 논문, 1989.
마크 쿨란스키 이창석 옮김, 《소금》, 세종서적, 2003.
상공부, 《염백서》, 1964
새무얼 애드셰드 지음 박영준 옮김, 《소금과 문명》, 지호, 1995.
시흥시사편찬위원회, 《시흥 시사 6 시흥 바닷가 사람들의 일과 삶》, 2007.
시흥시사편찬위원회, 《시흥 시사 9 시흥 사람들의 구술 생애사》, 2007.
오성, 〈염정의 전개와 염상〉, 《조선 후기 상인 연구》, 일조각, 1989.
유소영·박혜숙, 《귀신 이야기 엿들은 소금 장수》, 논장, 2001.

유승원, 〈조선 초기의 염간〉, 《한국학보》 제17집(겨울호), 일지사, 1979.
유승훈, 《낙동강 하구 제염업의 변천과 소금 관련 민속》, 고려대 대학원 박사 논문, 2007.
유승훈, 《작지만 큰 한국사, 소금》, 푸른역사, 2012.
유종인, 《염전》, 눈와, 2007.
유필조, 〈17, 18세기 전반 염업 발전과 염정〉, 서울대 석사 논문, 1996.
윤광원, 《대한민국 머니 임팩트》, 비전코리아(애플북스), 2008.
윤형숙 외, 《소금과 새우젓》, 민속원, 2010.
이영학, 〈개항기 제염업에 대한 연구〉, 《한국 문화》 12, 서울대 한국문화연구소, 1991.
이욱, 《조선 후기 어염 정책 연구》, 고려대학교 박사 논문, 2002.
최덕원, 《남도 민속고》, 1990, 삼성출판사
최성환·김준, 《비금도 천일염전의 형성 과정 연구 조사 보고서》, 도서문화연구원, 2012.
클라우스 오버바일 지음, 배명자 옮김, 《소금의 덫》, 2011, 가디언.
피에르 라즐로 지음, 김병욱 옮김, 《소금의 문화사》, 가람기획.
한국정신문화연구원, 《구비문학대계(전 권)》
함경식·정종희·양호철, 《소금 이야기》, 동아일보사, 2008.
허영만, 《식객 소금의 계절》, 2009, 김영사.
홍금수, 〈18·19세기 줄포만의 자염-염장의 분포와 자염법〉, 고려대 석사 논문, 1993.
홍종필, 〈고려 후기 염업고〉, 《백산학보》 30·31, 백산학회, 1985.
희망제작소, 염리동, 《소금 마을 이야기》, 이매진, 2003.

참고 자료
탁지부, 한국 염업 조사 보고서, 1908.
태안문화원, 반도의 역사 소금 마을, 2004.
한국독립운동사정보시스템(자료 번호: GM1960070602-04).
화성환경운동연합, 화성시 매화리 염전 마을 보전 관리 방안 모색을 위한 워크숍, 2007.
인터넷 6월 항쟁 기념관, 4천만 국민께 드리는 고창 농민의 호소문.